鈴木伸元

JN276229

# 加害者家族

GS
幻冬舎新書
193

# はじめに

平成21年度版の『犯罪白書』によると、平成20年の1年間で、警察が犯罪と認めた件数は、253万3351件である。

主な罪名は次のようになる。いずれも未遂を含んだ件数である。

| | |
|---|---|
| 殺人 | 1297件 |
| 強盗 | 4278件 |
| 傷害 | 2万8291件 |
| 暴行 | 3万1641件 |
| 詐欺 | 6万4427件 |
| 強姦 | 1582件 |
| 強制わいせつ | 7111件 |
| 自動車運転過失致死傷等 | 71万4977件 |

こうした犯罪により、被害者だけでなくその家族までもが、その後のマスコミによる取材攻撃によって二次被害を受けることが多い。

一方で忘れられがちだが、こうした事件の数だけ、加害者の家族も存在している。

誰もが「自分は加害者にはならない」と思っているだろうが、加害者にはならなくとも、身内が罪を犯し、加害者家族になりうる可能性はある。

子どもが罪を犯したという親、夫や妻が罪を犯したという配偶者、父親や母親が罪を犯したという子ども、さらには親戚が罪を犯したという人まで含めると、一つの事件には実に多くの人間が関係しているのだ。

加害者家族は、社会的に追い詰められていく傾向が強い。

身内の犯罪を機に職を失ったり何度も引っ越したり、子どもがいる場合は転校を繰り返さなければならないなど通常の社会生活が送れなくなる。さらには四六時中鳴り止《や》まない無言電話、インターネットによる住所や勤務先などの個人情報の暴露、自宅への落書きなど想像を絶する誹謗中傷が行われる。

過酷な現実に耐えきれず自殺する人も多い。現に連続幼女誘拐殺人事件の宮﨑勤元死刑囚の父親は多摩川の河原に身を投げた。被害者家族の悲嘆や苦悩は計りしれないが、加害者家族もまた人生が暗転し、平穏な日々に戻ることはできない。私たちの記憶に新しい事件の加害者家族、たとえば14歳の中学生によって2人が殺害され3人が重軽傷を負った神戸連続児童殺傷事件や、長崎市で中学一年生の男子生徒が4歳の男児を殺害した長崎男児誘拐殺人事件、畠山鈴香被告が起こした秋田児童連続殺害事件などの加害者家族は、身内の犯罪をどう受け止め、生きているのか。

本書では、これまであまり光を当てられることのなかった加害者家族の実態に焦点を絞った。加害者家族が心ならずも背負ってしまった十字架の重さと、償いのありようを探ってみたい。

＊人名はすべて敬称略

加害者家族／目次

# 第一章　しあわせな家庭が、ある日突然、崩壊した

## 突然かかってきた警察からの電話

どこにでもある、ごく普通の家庭だった。

30代後半にさしかかった浅野洋子（仮名）は、年下の夫と、小学校低学年の長男と3人で暮らしていた。洋子はタクシー会社に勤め、事務方の仕事をしていた。夫は、父親が経営する小さな町工場で働いていた。声を荒げることなどほとんどない、とても穏やかな性格だった。長男の雄太（仮名）は、週末になると地元の少年サッカークラブに通う大のサッカー好きだった。

共働きだったため、平日の放課後は息子を学童保育に預けていた。

仕事と家庭の二本立てで毎日忙しかったが、特に大きな不満もなく、平凡だが充実した毎日だった。

そんな生活は、何の前触れもなく、ある日突然、崩壊した。

2006年の2月。冷え込みの厳しい冬の夕方のことだった。

夕食の準備を始めた頃、自宅の電話が鳴った。洋子が電話をとると、警察の人間と名を名乗り、ご主人に代わって欲しいと言った。洋子は不思議そうに夫の顔を見た。夫は怪訝《けげん》な表情をして受話器を受け取った。

話はすぐに終わった。電話を切った夫は、「何か任意で話を聞きたいらしいので、ちょっと警察に行ってくる」と言い、出かけて行った。このとき洋子は、夫が殺人事件を起こしているなど想像だにしなかった。その日の夜遅く、夫は帰ってくると「別に、大丈夫だから」と言った。口数は少なかったが、いつものことなので、洋子は気にもとめなかった。

ところが、夫への任意の事情聴取は1日では終わらなかった。翌日も、その翌日も警察に呼ばれ、出かけて行った。

洋子が心配して質問をしても、「大丈夫だよ」と言って、それ以上は語ろうとしない。夫への任意の事情聴取が3日目に入った頃になると、洋子の不安は抑えきれなくなっていた。夫の留守を見計らって、洋子は溜まっていた新聞を引っ張り出して、片っ端から目を通していった。記事の中に、地元で起きた事件で、まだ容疑者が逮捕されていないものがあるのではないかと考えたからだ。

そして、小さな記事に目がとまった。隣町で起きた殺人事件の記事だった。容疑者はまだ見つかっておらず、警察が捜査を進めていると書かれていた。

その日の夜、洋子は夫を迎えに来た警察官に思い切って質問してみた。

「ひょっとして、夫はこの事件について取り調べを受けているのですか？」

「すみませんね、奥さん。まだ捜査中なので詳しいことはお話しできないんですよ」

無表情の警察官は、どこか突き放したような言い方をした。洋子はこの事件に関係していると直感でわかった。

## 夫からのまさかの告白

洋子は、四六時中、事件と夫との関係について考えるようになった。

夫があの殺人事件に関連した事情聴取を受けているのは間違いない。しかし、被害者と夫に接点はないはずで、ましてや夫が人を殺すなど信じられなかった。誰かに相談したかったが、夫は任意の事情聴取を受けているだけで、容疑者でも何でもないのだから、まだそのような段階ではないと思った。

ある日、事情聴取から帰ってきた夫に「あの事件なの？」と訊《き》いてみた。夫は素直に認めた。そして、「俺は関係ないから大丈夫だよ」と言った。だが、その言葉を信じたくても信じることはできなかった。

タクシー会社で仕事をしている最中も、洋子の頭の中では、夫と事件のことが渦巻いていた。

気になって仕方がない洋子は、もう一度新聞記事を見てみた。そこには、犯行が行われたとされる推定時刻が書かれていた。その日時に夫は何をしていたのか、思い出そうとした。

その瞬間、洋子は、はっと息を呑んだ。その時間帯に、夫は週末にもかかわらず出かけていたのだ。

新聞に書かれていた死亡推定時刻は、日曜日の夕方だった。その日、夫は近くの取引先に製品を届けに行くといって昼頃、出かけた。週末に取引先に行くのはこれまでもときどきあったが、夫が取引先から戻ってきたのは夜だった。そのとき、近所の取引先なのにずいぶん時間がかかったなと不思議に思ったため、記憶に残っていたのだ。

洋子に戦慄が走った。ひょっとすると夫が殺人事件の犯人なのかもしれない……。

その後も、警察による取り調べは続いた。事情聴取が長期化するにつれて、洋子の中で夫への疑惑が広がっていった。やはり夫が犯人なのだろうか。でも事情聴取に時間がかかっているのは、疑いを晴らすために夫が闘っているからかもしれない。いや、それにしても……。

最初の任意の聴取から10日目、不安がピークに達していたときに、会社で事務作業をしていた洋子のもとに警察から電話が入った。

「ご主人が奥さんに話したいことがあるそうです。お仕事中に申し訳ないのですが、いまから警察の車で近くまで行きますので、会社の外に出てきてもらえますか」

何のことかわからなかったが、事態が動き出しているということだけは理解できた。

待ち合わせ場所は、会社から少し離れた細い路地だった。やってきたのは、ごく普通の乗用車。洋子が後部座席に乗り込むと、夫がうつむいて座っていたが、やがて警察官にうながされて話し始めた。

「ごめん……。あの事件、本当は俺がやったんだ」

洋子は自分の体から血の気が引いていくのがわかった。頭がくらくらとして、何も言葉が出てこない。夫は「ごめん、本当にごめん」と言うと、下を向いたまま黙ってしまった。

## 夫の逮捕と報道発表

夫が自白したその日、洋子は警察官に言われるまま帰宅したが、結局、一睡もできなかった。夫が言ったことは本当なのだろうか。本当だとしたら、これからどうなっていくのだろうか。息子の雄太は大丈夫だろうか。あらゆる不安がかけめぐった。しかし、まだ誰にも相談できなかった。

翌朝、一人息子の雄太は父親が帰宅していないことに気づき、洋子に訊いた。

「お父さんは、お仕事でちょっと忙しくなって、長い出張に行ったの。しばらく帰れないかもしれないわ」

口からでまかせを言って、普段どおりに学校に送り出した。

これからのことを考えようにも、どうしたらよいのかまったく考えが浮かばなかった洋子は、いつものように会社に向かうことにした。

その日の午後、警察から再び電話が入った。

「いまから2、3時間後にご主人への逮捕状が出ます。報道発表もされます」

やはり夫が言ったことは本当だったのだ。警察は淡々と話を続けた。

「事件の性格上、マスコミはそれなりの報道をするでしょう。家の周りがマスコミで一杯になると思われますので、できるだけ早めに子どもさんを連れて自宅を離れてください。子どもさんを巻き込むのはかわいそうですから」

洋子は大急ぎで会社を早退した。自宅へ車で帰る途中、高校時代からの親友A子に電話をした。手短に事情を説明し、雄太をしばらく預かってもらうべく協力を取り付けた。

洋子の両親は幼い頃に離婚し、その後死別していたため、頼れる人が親友のA子しかいなかったのだ。

洋子は学童保育で学校に残っていた雄太を迎えに行った。雄太は早く迎えに来てくれたことを無邪気に喜んでいた。

洋子は雄太を車に乗せると「お母さんの仕事も忙しくなったから、雄太はしばらくの間、A子のところにいてくれる？　お仕事が落ち着いたら、すぐ迎えに行くから」と話した。雄太は不思議そうな顔をしたが、有無を言わせぬ母親の勢いに圧倒されたのか、黙ってうなずいた。

家に着くと、大急ぎで数日分の着替えをかばんに詰め、すぐに車に乗り込み、家を離れた。

まず向かったのは、隣の市に住む親友A子の家だった。勤めから帰ったばかりのA子は自宅で洋子を待ち構えていた。

洋子が「夫が何か事件を起こしたらしいの。詳しいことはまだわからないけれど、しばらく雄太をかくまって欲しいのだけど……」と言うと、A子は「任せておいて」と答えてくれた。「事件のことは明日の新聞に出るみたい。詳しいことがわかったら、きちんと説明するから」と言う洋子に、A子はそれ以上質問してこなかった。

## 自宅を取り囲むテレビ局の中継車

A子の家を離れた洋子は、勤め先に電話をした。社長に事件の概略を伝え、しばらく会社の仮眠室に寝泊りさせて欲しいと頼んだ。社長は「困ったことがあったら、いつでも言いなさい」と快諾してくれた。洋子は思わず涙が出そうになった。

会社に向けて車を走らせ始めた洋子は、忘れ物をしたことに気がついた。雄太の保険証だった。しばらく家に帰れない可能性もあるため、いまのうちに取りに帰ったほうがいいと考え、急遽自宅に戻った。

しかし、その考えは甘かった。

自宅の前の細い路地に入ろうとしたとき、洋子は何かがいつもと違うことに気づいた。夜7時近くなり、すっかり暗くなっていたが、路地の先の、自宅のあるあたりだけが不自然に明るい。

洋子は車を停めて目をこらした。

自宅のすぐ手前にある空き地に、テレビ局の中継車が何台も停まり、煌々《こうこう》と照明がついている。自宅のまわりには人垣ができており、ときどきフラッシュがたかれるのか、閃光が走っていた。まるで映画を観ているような感じだったが、これは現実だった。警察官が言っていたように、自宅に近づくことができなくなっていたのだ。

洋子は気づかれないように車をゆっくりとバックさせて、自宅を離れた。

いったん会社に向かい、仮眠室に着替えなどの荷物を置いた。会社で数時間を過ごした洋子は、真夜中近くなって再び自宅に向かった。自宅に忘れてきた雄太の保険証は手元に持っていたほうがよい。こんな遅い時間ならば、さすがにマスコミはいなくなっただろうと思ったのだ。

自宅の近くまで来たとき、車の時計は深夜零時を示していた。

路地に入ると、先ほどのような明るさは消えていた。マスコミは帰ったのだと思い、洋子は車のスピードを落として自宅に向かった。

手前の空き地に近づいたときだった。この時間にはほとんど人がいない空き地だが、人や車の影がいくつも見えた。テレビの中継車、そしてハイヤーが停まっていたのだ。

こんなに監視されている中では自宅に近づくこともできない。洋子は愕然《がくぜん》とした。そのままスピードを変えずに、ゆっくりと我が家の前を通り過ぎ、会社へと向かった。

夫が逮捕された日は、こうしてめまぐるしく過ぎていった。

自分が知らないところで事件が起き、洋子はいつのまにか殺人者側の家族、つまり加害者家族になっていたのだ。

## 口を閉ざす加害者家族

取材で洋子に初めて会ったのは、2010年2月。事件から4年が経《た》っていた。場所は東北地方の、とある貸会議室だった。

洋子と直接出会うまでに、複数の加害者家族に直接手紙を送ったり、弁護士や支援団体などを通じて取材の申し込みをしたりしていたが、前向きな返答はなかなか得られなかった。

そうした中、仙台で発足した加害者家族を支援する市民団体ワールドオープンハート（第五章で詳述）を通じて、洋子に話を聞くことができた。

洋子の長い髪には、年齢以上に白いものが多く混じっていた。スポーツウエアに身を包んだ息子の雄太も一緒だった。

サッカーが好きという雄太は、足元からサッカーボールを片時も離さず、足で巧みに操っていた。聞けばJリーグの地元チームの大ファンだという。

「私はサッカーなんてまったく関心ないんですけれど、この間、息子に言われて、一緒にファンクラブに入りました」

洋子は力なく笑った。

言葉を選びながら、事件のことを少しずつ語り始めた洋子だが、いままで事件についての話は誰にもしたことがなく、今回の取材を受けるにあたっては、相当の葛藤があったという。

「どんなに言い訳をしても、自分は加害者側の人間であることに変わりはありません。被害に遭われた方のことを考えると、加害者側の人間は、苦しいとか悲しいとか、そんなことを訴えられるような立場ではないと思っています」

加害者家族が発言などしていいのか、という思いに駆られているようだった。

こうした思いは、取材を通して出会った、ほぼすべての加害者家族が口にした言葉だ。笑うことはもちろん、泣くことも許されないという。

もちろん、加害者家族の中にも「罪を犯したのは本人であって、私たちは関係ない」と口にする人たちは少なくない。時に少年事件の加害者の親にそうした反応を示すケースが多いといわれているが、そうした態度や言葉によって被害者の怒りが増幅していく。

だが、多くの加害者家族は、身内が事件を起こしてしまったという事実に打ちひしがれ、自責の念にさいなまれている。自分たちが発言をしていいはずがない、と取材を受けることを頑《かたく》なに拒むのだ。

洋子もそうした一人だった。

それでも、自分たちが加害者家族の置かれている立場について語ることは、社会的に何らかの意味があるのかもしれない。そう考えた洋子は意を決し、4年間に及ぶ壮絶な日々を語り始めた。

## ニュースがこわい

夫が逮捕された日から、洋子はテレビや新聞をいっさい目にしなくなった。

本当のところ、夫は真犯人ではないのではないか、仮に犯人だとしても故意ではなく、何かの間違いで人の命を殺《あや》めてしまっただけなのではないかと事件の真相を疑う一方で、事件には関わりたくないという気持ちのほうが勝っていた。

夜は会社の仮眠室で寝泊りをするようになったのでマスコミにさらされずにすんだが、昼間、職場にいるときは緊張の連続だった。

テレビの電源が入っていれば1時間に1回はニュースが流れてくる。そんなとき、洋子はそっと席を立ったり、仕事に集中しようと努力したりして、情報が目や耳から入ってこないようにした。

問題は息子の雄太だった。大人は自分でニュースに触れないように努めたりできるが、子どもの場合は、いつどこから知ってしまうかわからないし、耐性もできていない。

洋子は、雄太に事件のことを一言も話していなかった。「お父さんもお母さんも仕事が忙しくなって家を離れないといけなくなったから」と雄太に言い含めて親友のA子に預けていたが、テレビのニュースなどで父親が事件を起こしたことを知られてしまったら、そうした努力もすべて無駄になると心配だった。

少し落ち着いたら、自分がきちんと事実を伝えなければならないとは思っていた。その前に別のところからゆがめられた情報を聞いてしまい、雄太の心が傷つくことが怖かった。

洋子は雄太を預けるにあたって、テレビを見せないで欲しいとA子に頼んでいた。

洋子に頼まれたA子は、家のテレビのコンセントを抜いたままにし、雄太に対しては「テレビが壊れているから見られないよ」と説明した。雄太は毎週欠かさず見ていた大好きなアニメ番組が見られなくなることに不満そうだったが、駄々をこねることはなかった。

## マスコミ攻勢で怒り狂う住民

洋子の自宅を取り囲んだマスコミは、その周辺地域にも押し寄せた。

逮捕の発表直後から、記者たちが容疑者となった夫の顔写真を探し求めて、近所の家を訪問して回っていたのだ。

一般に、新聞やテレビに掲載される容疑者の顔写真は、警察が提供してくれるわけではない。記者たちが近所や関係者を回る「地どり取材」の中で見つけ出したものだ。他紙は顔写真を見つけて掲載しているのに、自社には顔写真がないとなると、担当記者は上司から厳しく叱責される。記者たちは写真を手に入れようと必死になるのだ。

夜遅い時間になっても、洋子の近所の家の呼び鈴を鳴らして回る記者が跡を絶たない。訪問を受けた近所の人たちは、時間や都合に関係なく訪ねてくる記者たちに相当苛立《いらだ》っていたという。

近所の人たちの怒りは、記者に向かうと同時に、逮捕された夫と洋子にも向けられていた。そもそも、そんな事件を起こす人間が悪いのだ、と。

翌朝、新聞各紙は朝刊の社会面にこぞって事件の記事を載せた。

「殺人容疑で男を逮捕」

被害者が亡くなっていた状況の他、生前に親交があった被害者の友人が「犯人が許せない」と語った声なども紹介している。容疑者である夫の名前は、自宅の住所の一部とともに掲載され、妻と小学生の息子の3人暮らしだったことも書かれている。

だが、その記事の中に、容疑者の顔写真はない。結局、どの社も夫の顔写真を入手できなかったのだ。

地元で一番読まれている地方紙も、事件の詳細を掲載した。浅野家は「加害者家族」として、一気に地元の人たちに知れ渡ることになった。

掲載された日の朝、続報を求めた記者たちが向かったのが、雄太が通っていた小学校だった。もちろん容疑者の息子である雄太は学校を休んでいる。取材のターゲットは、雄太のクラスメートである。

3、4社の記者が学校周辺に現れたという。

「浅野くんのお家のことを知らないかな」

見知らぬ大人たちに囲まれた子どもたちは、何があったのかと不安だったに違いない。

容疑者に関する情報をとろうとあらゆる手を尽くす記者の行動は、ある意味で当然といえる。警察発表だけに頼らない独自の取材によって、犯人像など事件の背景が浮かび上がったり、ごくまれに冤罪が明らかになったりすることもある。だが、こうした取材が関係者を混乱させる点は否めない。

洋子はそうしたマスコミの影響を後日知ることになる。

逮捕から数日経った夕方、ほとぼりが冷めただろうと思って自宅に向かったとき、テレビの中継車や記者が待機するためのハイヤーはすでになくなっていた。そして洋子が家に入ろうとしたとき、近所の顔見知りの主婦が声をかけてきた。

「浅野さん、日中は自宅に近づかないでくれる」

「ちょっと忘れ物を取りにきたんです」

「でも、マスコミがいつ騒ぎ出すかわからないから、何か用事があるときは夜中にしてちょうだい。それならば目立たないでしょう」

洋子はただ頭を下げるしかなかった。

「それとね、記者が夜訪ねてきて、あなたのとこの旦那さんの写真をくれとか、家族関係はどうだったか知っているかとか質問するの。迷惑なのよね」

すべては事件を起こした自分たち家族が悪いのだと謝るだけだった。

そうこうするうちに、数人の主婦たちが集まってきた。雄太と同級生の子どもをもつ母親の姿もあった。

「通学のときに、記者に囲まれて泣き出した子が何人もいたみたい。何もわからないのに、突然あれこれ質問されたら脅《おび》えるわよ」

洋子はひたすら頭を下げた。もう自宅に戻って暮らすことはできないと感じた。

以来、着替えなどを取りに自宅に帰らざるを得ないときは、深夜零時を過ぎてからにした。

## 職場で記者と対面

勤め先の仮眠室に身を潜めていた洋子のもとにも、マスコミが押しかけていた。

洋子はもともと事務職だったが、逮捕の日からはほとんど仕事が手につかなかった。「生活のことがあるだろうから、いままでどおりに」という社長の言葉に甘えて、とりあえず居場所を与えてもらっているという状態だった。

逮捕翌日から、事務所の電話はいつもよりも頻繁に鳴っていた。洋子が受話器を取ると、たいていは新聞や週刊誌の記者だと名乗り、「浅野洋子さんはいますか」と尋ねてきた。洋子はたいてい、「いま留守です」とか「休んでいます」などと言って電話を切っていた。他の同僚が電話をとったときも、気をきかせて居留守を使ってくれた。

中でも、ある大手週刊誌だけは、何度も何度も電話をかけてきた。洋子は、その度に不在だと答えていた。

1週間ほど経った頃、ついにその記者が会社にやってきた。

「何度かお電話をした週刊○○の××と言いますが、浅野洋子さんはいらっしゃいますでしょうか」

たまたまそのとき、事務所で手が空いていたのは洋子だけだったため、洋子自身が記者に対応することになった。洋子は、本人であることを隠して記者に向き合った。

「浅野は事件のあとから休みを頂いております」

胸がどきどきと高鳴り、心臓が口から飛び出しそうだった。記者から浅野洋子について何か知っているかと尋ねられたが、何も知らないと答えた。記者は意外にあっさりとあきらめたようだった。

洋子はどこにぶつけたらよいかわからない苛立ちに押しつぶされそうだった。気がつくと、記者に質問をしていた。

「逮捕された本人じゃなくて、家族に話を聞いてどうするんですか？」

「いや、何でもいいから情報が欲しいんです」

「でも事件のことは本人しか、わからないんじゃないですか？　家族に話を聞いても意味ないと思いますよ」

その言葉は、洋子の本心だった。

自分だって夫が何で殺人事件なんか起こしたのか知りたい。被害者との間に、一体何があったのだろう。夫から直接、説明を聞きたい。そもそも、あんなに穏やかな性格の夫が、人を殺すなんて信じられない。実は全部嘘なんじゃないか。そんな思いが渦巻いていたという。

「とにかく、何でもいいから情報が欲しかったんです」

記者は同じ言葉を繰り返すと、立ち去った。

「何でもいいから情報が欲しいというのは、私の方だ。本当のことを教えてほしい」洋子自身がそんな状況だった。

## 犯人の妻に責任はあるのか

夫が殺人事件を起こしたということを、まだ完全には信じられなかった洋子は、事件発覚当初、被害者のことには考えも及ばなかった。

洋子は、被害者との面識はまったくなかった。そもそも夫と被害者とが知り合いだったことも知らず、犯行の動機も想像がつかなかった。事情聴取などで会う警察官から少しずつ話を聞き、夫と被害者の間に金銭トラブルがあったことはわかった。

それでも洋子は、自分も被害者の一人だと思っていた。夫の金銭トラブルは、自分や息子とはまったく関係ない話だったからだ。事実、被害者との間でやりとりされた金銭が、洋子や雄太の生活に絡んでいたという痕跡はなかった。

被害者に対して取り返しのつかないことが起きてしまったことは、わかっていた。それでも洋子は、自分にも責任のある話だとは思えなかった。

洋子は言う。

「いまでもそうなのですが、被害者の方には本当に申し訳ないという気持ちが半分、でも一方で、私に何ができただろうか、あれは夫の犯した罪なのだから私には関係がない、という気持ちが半分なのです。被害者やそのご遺族が聞いたら怒ると思いますが」

心のどこかで私には関係のないところで事件が起きたと考える洋子は、被害者の遺族に謝罪をしていない。そのことが被害者家族の新たな怒りを買うであろうことはわかっているが、できなかった。

しかし、毎日事件のことを考え続けた洋子の考えは、少しずつ変わっていった。

なぜ夫は人を殺すまでしなければならなかったのか。そこに至るまでに、自分が見逃してしまった兆候があるのではないか。あったとすれば、なぜ自分は気づいてやれなかったのか。気づくことができれば、いまのような悲惨な状況には陥らずに済んだかもしれない――。

やがて、夫の犯行を止めることができなかった自分にも、少なからず責任があると考えるようになった。

一方で洋子は、雄太のことを考え続けていた。

子どもの雄太には事件に対する責任はないと信じたかったし、責任のない雄太が追いつめられることだけは避けたいと思っていた。「だって子どもに罪はないですよね」洋子は繰り返し言った。

こうした洋子の気持ちは、大切な家族を殺された遺族の側からすれば許せるものではないだろう。筆者も正直なところ、洋子の置かれた状況は被害者の遺族が陥る絶望のどん底に比べれば、はるかに幸せなものだと思う。

加害者の関係者のうち、誰がどこまで事件の責任を負えばよいのか。そのことはさらなる議論が必要なテーマである。

## 弁護士をどう探すか

事件後のドタバタの中で、洋子が弁護士のことを思い立ったのは、夫の逮捕の数日後だった。それまでは世間やマスコミからどうやって逃れればよいのかに必死で、考えが及ばなかった。

ごく普通の生活をしていた洋子に、刑事事件の弁護士についての予備知識はなかった。

ましてや相談できる弁護士の知り合いなどもいないため、深夜に洋子は職場のパソコンを使って調べることにした。

「逮捕されたとき」

検索欄にそう打ち込むと、大量に情報が出てきた。洋子はその中から「当番弁護士」という制度について初めて知った。

当番弁護士とは、日本弁護士連合会が全国各地の弁護士会と協力して、平成4年にスタートした制度だ。逮捕された本人、あるいは家族が、弁護士の知り合いがいなくて困っているときに、警察や弁護士会に「弁護士を紹介して欲しい」と言えば、駆けつけてくれる。警察官の立会いなしに逮捕された人と一対一で面会し、要望を聞いてくれたり、「黙秘権」についての説明をしてくれたり、今後の刑事手続きについての説明をしてくれたりする。

この制度は、次の憲法第34条に基づいている。

「何人も、理由を直ちに告げられ、且つ、直ちに弁護人に依頼する権利を与へられなければ、抑留又は拘禁されない（後略）」

日本弁護士連合会によれば、1年の受付件数は平成18年に6万7826件、全勾留件数の48%近くから派遣の依頼があった。制度が発足した平成4年の受付件数は5654件だから、15年ほどで、かなり認知度が高まったといえる。

費用は1回目の面会・相談については無料だ。2回目以降については、通常の弁護士費用がかかるが、引き続き弁護人として依頼することもできる。日本弁護士連合会によれば、初めて面会した逮捕者のうち、およそ2割がその後も弁護人を依頼している。

早速、洋子が地元の弁護士会に連絡をとると、選任の手続きに入るという答えが返ってきた。だが、数日経っても弁護士会からの連絡はなかった。弁護士は決まったのだろうかと不安になった洋子は、再度弁護士会に電話を入れた。すると、B弁護士に決まったということで、連絡先などを教えてくれた。

洋子は、B弁護士事務所に電話をしてみたが、Bは不在だった。その後も電話をかけ続けたが、いつも不在でなかなか連絡がつかない。状況がわからないまま、さらに数日が過ぎていった。

ようやく連絡がとれたB弁護士は、洋子のもとにもやってきた。洋子が、今後の裁判も含め、法的な手続きがどのように進むのかを質問すると、弁護士は細かな説明もせず、「弁護をしても裁判で勝つ望みは薄い」という本音があけすけに見える、的外れな回答しかしなかった。依頼人の不安に親身に相談に乗ってくれるのが弁護士だと期待していたが、その願いはまったくかなわなかったという。

洋子は弁護士会に連絡をして、次からは別の弁護士を派遣して欲しいと依頼した。相談できる相手がなかなか見つからないまま、時間ばかりが過ぎていった。

## 「人殺しの家」

夫の逮捕の日から、洋子は息子を守ろうと必死だった。自分はどうなろうとも、小学校低学年の雄太が事件のことで差別やいじめを受けたりすることだけは避けたかった。

洋子の職場にはマスコミがやってきたが、幸いなことに、雄太を預けた親友A子の家までは追跡されず、雄太が周囲の目にさらされることはなかった。その点においてのみ、洋子は安心できていた。

しかし、新たな不安の種が出現した。

洋子の携帯電話に、いたずら電話がかかってくるようになったのだ。

大半は無言電話だったが、意味不明のことをまくしたてる電話もあった。

最も傷ついたのは、電話をとった途端に「人殺し!」と一言叫んで、切れるという類《たぐい》だ。その一言のあとの、ツーツーという電話の音だけが耳に残った。昼夜を問わず何度もかかってきた。自分は人殺しの妻なのだ、という思いが胸に突き刺さったという。

104で調べたり、息子の学校の連絡網から洋子の家の電話番号を知った人たちが固定電話に電話をし、それが洋子の携帯電話に転送されてきたのだった。共働きで家を空けることの多かった洋子は、自宅の固定電話にかかってくる電話が携帯電話に転送される設定をしていたが、それが徒《あだ》となっていた。

留守にしていた自宅も荒らされていた。

夫の逮捕からしばらく経った真夜中、洋子が着替えを取りに自宅に戻ったときのことだった。街灯の中に浮かび上がる我が家の異変に驚いた。まず敷地の入り口の門扉につけていた表札がはがされており、真っ二つに割られて、近くに放り投げられていたのだ。その破片を手にした洋子は、涙がこみ上げてきて止まらなかった。

玄関から屋内に入ろうとしたとき、壁の落書きが目に入った。

スプレーでぐちゃぐちゃっと書かれた模様の横に、「人殺しの家」と書かれていた。

洋子は家に飛び込むと、必要な着替えをまとめて、すぐに家を後にした。一刻も早くその場を離れたかった。

## 「息子も抹殺しろ」

いやがらせの電話や自宅への落書きに恐怖を感じた洋子は極力、他人との接触を避けるようになった。必要以上に他人に立ち入ってしまうと、加害者家族である自分たちのことが漏れてしまうと考えたからだ。

しかし、そんな努力にもかかわらず、土足で踏み込んできたのがインターネットだった。

あるとき、洋子は夫の取り調べにあたっている警察官から、こんなことを言われた。

「インターネットには十分注意してください。自宅の連絡先や、お子さんの名前、通学先など、個人情報が書き込まれることがあります。もし、発見したら直ちに知らせてください。削除を求めることができるからです」

自分たちの情報が取り上げられることには半信半疑だったが、子どもの名前や学校名が出たら困ると考え、さっそくその晩からパソコン画面に向かった。

すると、事件に関する書き込みが次々と見つかった。

容疑者の妻はどんな人間だとか、夫婦仲はどうだとか書いているものが多かった。半分以上は嘘の記述だったが、残り半分は真実も含まれていた。洋子の勤め先の会社名も書かれていた。自分のことを知っている誰かが書いたのだと思い、疑心暗鬼になった。

しかし、それは序の口だった。

警察官から特に注意して見るようにと言われた、今回の事件についてのある掲示板をチェックしていたときのことだった。

「殺人者の子どもも、将来同じ殺人を犯すのは間違いない。いまのうちに抹殺すべし」

その書き込みの後、「俺もそう思う」などと賛同の意を表す書き込みが続いていた。

洋子の背筋に冷たいものが走った。小学校低学年の雄太はこれからの人生、周囲からこんな目で見られて生きていかなくてはならないのだろうか。雄太が、これを知ったら一体どう思うだろうか。いたずら電話や落書きなどの嫌がらせ以降、ある程度自分に対する攻撃はやむを得ないと覚悟していた矢先の出来事だった。

だが、落ち込んでばかりはいられなかった。

名前や学校名などが出ていないかを、常に確認しなければならなかった。洋子はその掲示板を中心に、毎晩2時間近くインターネットをチェックするようになった。調べれば調べるほど新しい書き込みが見つかり、酷《ひど》い言葉が目に入ってきた。呼吸困難になるほど、胸が苦しくなった。しかし、調べることを止めるわけにはいかなかった。

当時を振り返り、洋子はこう語る。

「インターネットを見るのはものすごく嫌だった。でも、何か起きてからでは遅いと思って、毎晩見ていた。本当に辛かったです」

幸いなことに、雄太の個人情報が暴き出されることはなかった。

## 学校の冷淡な反応

学校を休まざるを得なくなっていた雄太に、さらに冷たい仕打ちが待ち構えていた。

逮捕から10日ほど経った頃、洋子に学校の教頭から電話がかかってきた。教頭は、短く同情的な言葉を口にすると、すぐに給食費の話を持ち出した。

「雄太君はもう大分長いことお休みになっております。給食を止めてしまってもよいでしょうか」

「夫の事件で、いろいろとご迷惑をかけてしまい申し訳ありません」

洋子は電話口で頭を下げた。地元が混乱に陥り、マスコミによっておびえる子どもたちが出たことについて、まずは謝罪しなければと思ったからだ。だが、教頭は洋子の言葉にはほとんど関心を示さず、給食について再度訊いてきた。

「そんなことは気にしないでください。それよりも、給食はどうしますか」

まだしばらくは学校に行けないだろうと考えた洋子は、雄太の給食を当分止めてもらうことにした。そして、まさに転校について訊《たず》ねようとしたとき、間髪を入れずに教頭が言った。

「転校をした方がいいと思いますよ」

洋子は、転校するならばどんな手続きが必要かとか、どうやって転校先を探したらいいかなどの情報を聞きたかった。だが、とてもそんな話ができる雰囲気ではなかった。電話口からいっさい関わりたくないという学校側の空気が伝わってきたという。

いまの学校には頼ることはできないと洋子は確信した。この電話をきっかけに、転校先を探し始めることにした。

洋子は、小学校の教師をしている友人のC子に恐る恐る連絡をしてみた。C子は二つ返事で引き受け、数日かけて別の市にある学校を見つけてくれた。いままでの小学校は住宅地にあったマンモス校だったが、今度の転校先は田舎の小さな学校だった。

C子の橋渡しで、まずはその市の教育委員会に電話した。対応した職員は、「そんな大きな事件で一番不安になっているのは子どもさんでしょう」と理解を示してくれた。その後、洋子は転校先となる学校を直接訪ね、校長と教頭に会って事情についてすべて説明した。校長は、「そういうことならば、きちんと対応しましょう」と約束してくれた。事件のことは、自分と教頭それにクラスの担任だけの秘密にすると言ってくれた。

洋子は、校長と教頭に何度も頭を下げた。転校の日は、夫の逮捕からちょうど1カ月後と決まった。

## 真夜中の校庭での「お別れ」

洋子は仕事が休みになった週末、A子のもとに身を寄せている雄太に会いに行き、転校しなければならないことを伝えた。事件については触れずに、「お母さんの会社の都合で引っ越さなければならなくなった」と説明した。

洋子自身、雄太に説明できるほど事件について理解し、受け止められているわけではなかった。いまわかっている情報の中で、雄太にどこまで説明してよいのか、説明したところで納得してくれるのか判断もつかなかった。

雄太は不満そうな顔をしたが、納得した。ただ、一つだけお願いがあると言った。

「前の学校に行って、クラスのお友達にさよならを言いたい」

週が明けると、洋子は早速小学校に電話した。対応したのは教頭だった。洋子は雄太の望みを伝えたが、教頭の反応は冷たかった。

「マスコミや他の保護者たちがどんな反応を示すか、何かあったとき学校では対応できる自信がありません。申し訳ないのですが……」

洋子は、言い返すこともできず、わかりましたと言って電話を切った。殺人者の息子というだけで、友達にさよならを言うこともできないのかと悔しかった。

洋子は学校の事情でお別れには行けないことになったと雄太に伝えた。雄太は何も言わずに涙を流していたという。

深夜零時すぎ、洋子はまもなくやってくる春に備えるため、雄太を連れて自宅に着替えを取りに行った。夫の逮捕から1カ月が経とうとしていたこの時期、自宅の周りからマスコミの姿は消えていた。それでも、日中は近所の目がある。結局は、自宅に近寄れるのは真夜中しかなかった。

必要なものを持ち出し、車で自宅を後にして間もなく、雄太が言った。

「学校を見に行きたい」

深夜2時近くになっていた。もうすぐ春だというのに小雪が舞っていた。「いまから行くの?」と洋子が訊くと、雄太はうなずいた。洋子は小学校へと車を走らせた。

自宅の近くにある小学校には何分もかからずに到着した。

夫の逮捕以来、ずっと休んでいた雄太にとって、1カ月ぶりの学校だった。雄太は自分でドアを開けて車を降りると、校門を乗り越えて校庭に入っていった。

雄太は校庭にたたずみ校舎をじっと見ていた。視線の先にあるのは、1カ月前まで通っていた教室だった。

しばらくすると雄太は、校庭をぐるぐると走り始めた。そしてジャングルジムに向かい、昇ったり降りたりして、一人で遊んでいた。その後もブランコ、鉄棒など次々と遊具を変えていった。

小雪が舞う中、わずかな照明が真夜中の校庭を駆け回る雄太を照らし出していた。

校門の外からその姿を見ていた洋子に熱いものがこみ上げてきた。事件には直接関係のない子どもに、何でこんな思いをさせなければならないのか。このときの光景は、4年以上たったいまでも、決して忘れることができないという。

30分ほどして洋子のところに戻ってきた雄太は言った。

「もう大丈夫、みんなにお別れをしたから」

## 転校しても不安は消えない

雄太が最初の転校をした後、それまで勤め先の仮眠室に泊り込んでいた洋子は、小学校の学区内に小さなアパートを借りて、1カ月ぶりに雄太との生活を再開した。

田舎の小さな小学校の教師たちが冷静に対応してくれることが、洋子にとって救いとなっていた。周囲から加害者家族として扱われなかったのは、この1カ月で初めてだった。一方で、いままで通っていた都市部のマンモス校の方がいろいろな事情を抱えた子どももいるはずだし、対応できる教師もたくさんいたはずなのに、なぜ支えてくれなかったのかという思いに駆られた。

しかし、洋子はそうした考えを封印した。「加害者家族には、そんなことを言う権利はない」と思ったからだ。

雄太が転校する直前に、夫と離婚した。殺人事件を起こした夫を許せなくて縁を切りたいという思いもあったが、それ以上に苗字を変えることが目的だった。

離婚して苗字が変われば、事件とつながる重要な情報が減ることになる。雄太が自分の旧姓で新しい学校に通い始めれば、周囲の人間が事件と雄太を結びつける直接の手がかりが消えることになる。その違いは大きいと思った。

一方でインターネットでは、事件の書き込みが続いていたため、雄太が寝た後、洋子はインターネットのチェックを怠らなかった。「抹殺しろ」とまで言われた息子を追って、転校先の学校名や旧姓に戻った名前がさらされるかもしれないという恐怖が常に付きまとっていた。

スーパーや大きな病院といった不特定多数の人が集まる場所に行くのも恐ろしかった。もといた地元とは少し離れてはいるが、事件や自分たち家族のことを知っている人間と会うかもしれないからだ。そうなれば「あのスーパーにいたということは、○×のあたりに住んでいるのではないか」とインターネットに書き込まれ、またたくまに居場所がばれてしまうかもしれないと思った。

苗字を変え転校したからといって、安心はできない。自分はどうなってもよいが、雄太だけは守りたいと考えた。

雄太の転校先を調べようとする人間がいるかもしれない。それを簡単には調べられないようにするにはどうすればよいか。洋子がたどり着いた結論は、雄太をもう一度、転校させることだった。

クラスメートと仲よくなり始めている雄太を再び転校させることで、心を傷つけるのではないかと危惧したが、身元がばれてしまう不安がそれを上回った。

2度目の転校先は、また別の市で探した。学校に事件のことはいっさい話さなかった。学校に事情を理解してもらうよりも、事件にかかわる事柄を周囲から排することを優先した。2回も転校すれば、仮に誰かが自分たちの足取りを追跡しようとしても、難しくなるだろうと考えたからだ。

最初の転校から1カ月後、洋子は雄太の2度目の転校とともに、再度引越しをした。

それでも、加害者家族である自分たちの身元が、いつか周囲に知られてしまうのではないかという不安を拭い去ることはできなかった。

## 加害者家族はこうして孤立する

洋子の周りには数は少ないが、救いの手をさしのべてくれる人がいた。事件発覚後、雄太が転校するまでの1カ月にわたって息子の雄太を預かってくれた親友のA子もそのうちの一人だ。A子は、親しくしてきた洋子と雄太を助けたいという一心から協力してくれていた。しかし、その間に相当に追い詰められていた。

最大の理由は、夫であるD男との関係が悪化したことだ。雄太を預かることになった最初の段階で、A子はD男にすべての事情を説明していた。D男は「しばらくの間なら」ということで了解してくれた。

だが、それも長くは続かなかった。預かるのが1カ月近くになると、D男は不満を募らせていった。家に帰ると他人の子がいるという状況に耐えられなくなったのだ。しかも、新聞沙汰になっている殺人事件の犯人の息子をなぜ自分の家で預からなければならないのか、D男のいらだちは日に日に大きくなった。

D男の不満の矛先は、A子へと向かった。A子は夫と洋子との間で板ばさみになってしまった。

夫からの非難とともにA子を追い詰めたのは、加害者の関係者であるという恐怖だった。どこからか個人情報が暴露され、「加害者家族をかくまっている人間」としてA子まで攻撃されるかもしれないと、洋子から言われていた。A子はそうした攻撃から子どもの雄太を守りたいと考えたが、その思いが却って、四六時中びくびくしながら生活するということにつながっていた。

D男からは雄太を預かっていることを責められ続け、A子は誰にも相談できずに苦しんでいた。そして、仕事をしながら、雄太の食事など生活の世話をするという物理的な負担も大きくのしかかっていった。

やがて、そんなA子の生活は、雄太の最初の転校とともに終わった。

だが、D男はA子にねぎらいの言葉をかけるどころか、逆に1カ月にわたる生活のツケをA

子に対して責め立てた。

結局、A子はD男との関係を修復することができず、うつ状態になり、そのまま離婚に至ってしまった。

その事実を知った洋子は、A子を巻き込んでしまったことを深く後悔した。もう自分からは連絡を取らないようにしようと考えた。一方で、A子からの連絡も遠のくようになった。洋子はA子に心底感謝しているが、いまでは音信不通の状態だという。

事件発覚から4年が経ったいま、誰か相談相手になってくれる人はいるかと訊ねると、洋子は次のように答えた。

「いえ、もう誰にも相談しないつもりです。だって、誰かに相談することが、却ってその人を追い込んでしまうことになるからです。A子はうちの家族の事件に関わったことで、うつになってしまいました。もう誰かを巻き込むわけにはいきません」

こうして洋子は、ますます孤立していったのである。

## 何も知らない刑務所の夫

取材中のある日、刑務所の中にいる夫について滅多に話をしない洋子が、珍しく声を荒げて語り始めた。

たまたま、その取材日の午前中、担当の保護司が自宅にやってきて、夫の言葉を洋子に伝えてきたという。

「夫は保護司の方に〝刑を終えて刑務所から出たら、家族で一緒に暮らしたい〟と言っているらしいです。一体何を考えているのでしょうね。夫のせいで私たちがこんなに苦しんでいることを何もわかっていないんですよ」

洋子は、夫のせいで、雄太とともに世間から身を隠しおびえながら暮らす羽目《はめ》になったことを恨んでいる。逮捕から1カ月後、転校する雄太の苗字を変えるために離婚をしたが、内心、その離婚は手続きだけに留まらない「絶縁」だと思っていた。

ところが雄太は、一日も早く父親と一緒に暮らしたいと考えている。

夫の裁判が始まり、実刑判決が下されることが確実になってきた中で、洋子は雄太に「お父さんはちょっとした事件を起こしたので、しばらく刑務所に入ることになったの」と伝えた。雄太が動揺し不安になるのではないかと怖かったが、少しずつ真実を伝えていかなければならないと考えたからだ。ただ、事件の真相はあいまいにした。雄太は驚いているようだったが、それ以上は質問してこなかった。

事件の真相を知らないということもあって、雄太は父親に対する嫌悪感をそれほど強くは抱いていない。今後の生活の話になると、雄太はいつもこう言うという。

「お父さんが帰ってきたら、一緒に暮らしたい」

雄太の言葉に対して、洋子は少し感情的になって答えた。

「お父さんはしばらく帰ってこられないのよ。刑務所から出てくる頃、雄太は結婚しているかもしれないから、一緒には暮らせないよ」

「じゃあ、僕はお父さんが帰ってくるまで結婚しない」

洋子はこの言葉を聞いて、できるだけ早く、夫が起こした事件の真相を雄太に伝えなければならないと考えるようになった。

刑務所の中にいる夫からは時折、手紙が送られてくる。最近は、サッカーが好きな雄太のために、刑務所内の労働で得たわずかな給金で、サッカーのボールやスパイクを買って送りたいと書かれていたことがあった。洋子は、自分たちの窮状について夫が想像することなく、能天気に父親ぶっていることが許せなかった。

「私と息子が大変な思いをして生活をしていることを、刑務所の中で暮らしている夫はわからないのでしょうね。刑務所の中の方が守られているんですよ」

洋子は、夫から事件について直接の説明や謝罪を受けていない。怒りを募らせるのは当然だろう。

夫の逮捕からしばらくの間は接見が禁止され、話をすることもできなかった。逮捕直前に警察の車の中で「ごめん、俺がやったんだ」と聞いてから会うこともできなかった。警察が、接見によって事件の捜査に影響が出ることを避けようとしたためだった。

接見禁止が解かれ、拘置所で最初に面会したときの夫の姿を、洋子は決して忘れることができないという。面会室に入るなり、夫は座っていた椅子から立ち上がり「すまない、こんなことになってしまって」と言って深々と頭を下げた。

許された面会時間は20分。夫の隣には、会話の内容をチェックするために刑務官が立ち会っていた。事件について聞き出そうとしたが、質問の度に夫は言葉を濁してしまう。納得できる答えを引き出せることなく、面会時間は終わってしまった。

その後に始まった裁判でも、知りたいと思う情報は得られなかったという。審理を迅速に進めるための「公判前整理」が行われたことで、裁判では言及されない部分が多かったからだ。

事件の真相を知らない雄太に対して、洋子はいずれ、きちんと説明をしなければならないと考えている。しかし、被害者と夫はどのような関係だったのか、なぜ夫が被害者を殺さなければならなかったのかなど、裁判でも知りたいことは明らかにならなかった。そのため、事件から4年経ったいまでも、詳しい説明ができるだけの情報を洋子は持ち合わせていないのだ。

一般的に、被害者家族は加害者からきちんとした謝罪をして欲しいと思っているし、なぜ家族が被害に遭わなければならなかったのかを知りたいと考えている。しかし、加害者本人とその家族の間では、これほど関係が断絶し、意思疎通ができていないのだ。被害者の願いは叶うべくもない。

## 加害者家族の借金生活

「雄太が病気になっても、お金が足りなくて病院に行けないときがあります」

夫の逮捕後、洋子の生活は経済的にも追い詰められていた。

共働きで細々と生計を立てていたが、いきなり大黒柱である夫の収入がなくなってしまったのだ。残っていた自宅のローンを、洋子一人が背負わなければならなくなってしまった。雄太の転校や、新たに引っ越したアパートの費用など、大きな出費が重なったことも影響した。誰も住んでいない自宅を賃貸に出したかったが、「殺人者の家」ということで借り手が付くとは思えず、あきらめた。

さらに、夫が逮捕前に友人から借りていた借金の肩代わりをしなければならなかった。

夫は、父親が経営する会社の運転資金として、数百万円を方々から借りていたのだ。夫の父親は、息子が殺人を犯してしまったことで気力を失ってしまったのか仕事も手につかず、こうした借金を返そうともしなかった。

夫の逮捕から半年ほど経って、夫の父親の会社は倒産した。借金は当然、返されることもなかった。

会社が倒産したため、洋子の返済義務はなくなったが、一人だけどうしてもきちんと借金を返しておきたいところがあった。それは、洋子の親友D子だった。夫が資金繰りに困っているのを見かねて、洋子はその一部をD子に頼み込み、金を借りたのだった。

高校で同じクラスになって以来の長い付き合いがあるD子からの借金を踏み倒すわけにはいかない。実際にD子は貸した金が返ってこないことに怒っていたため、洋子は毎月の給料から、一定の額を返済しているのだ。

手元に残ったわずかなお金で、洋子は雄太にひもじい思いをさせないように努力した。

自分の洋服などは必要最低限のものしか買わないようにして、極力出費を抑えるようにした。その分を雄太の学校での給食費や文房具代、そして通い始めたサッカークラブの経費にあてていった。父親のことで傷つき、2度も転校しなければならなかった上に、お金のことでみじめになるようなことがあってはならないと考えた。

しかし、雄太の学校関連のお金は何とか捻出できても、それ以外で突発的にお金が必要になると首が回らなくなる。その突然の出費の一つが、雄太の病気である。毎月の給料でぎりぎりの生活をしているので、月末が近づくと2割の自己負担の診察料すら払えないために、病院に連れて行けないこともあった。

いま、洋子の最大の関心は空き家となった自宅の処分だ。どんな安値でもよいから売り払って、ローンも解消したいと考えている。だが、「殺人者の家」にはなかなか買い手がつかず、いまだに空き家のままだ。

## 子どものために生きる

タクシー会社での仕事を続けていた洋子は、社長に頼み込んで、少しでも多く稼げるように残業を増やしてもらった。

しかし、自宅のローンや借金返済などに追われ、雄太を病院に連れて行くのをためらうような生活であることに変わりはなかった。

また、深夜遅くまで働くことが多くなり、体への負担は大きくなった。さらに、雄太にもしわ寄せがきた。もともと「鍵っ子」だった雄太が、家で一人で過ごす時間がより長くなってしまったのだ。

放課後の学童保育は、高学年になると受け入れてもらえない。サッカークラブに入っているが、夕方には終了してしまう。そのため雄太は、夕方家に帰ると、朝に洋子が準備していった食事を電子レンジで温めて一人で食べて、深夜まで宿題をしたりゲームをしたりして過ごしている。

洋子は、雄太からさみしいという言葉を聞いたことがないという。子どもも心に母親が大変なのをわかって我慢してくれているのではないかと考えている。そのことが、洋子をさらに苦しめている。

重大事件を起こした加害者の家族が、逃れようのない苦しみに耐えきれず、自殺をするケースは少なくない。3回目のインタビューの最後のほうで、自殺を考えたことがあるか質問してみた。

「ありません」

洋子は即答した。

「たぶん、子どもがいるからだと思います」

夫の逮捕から4年以上にわたって、精神的にも経済的にも追い詰められてきた洋子にとって、生きていく上での唯一の支えは、雄太の存在なのである。

インタビューの合間の休憩時間、屋外で一人でサッカーボールを蹴って遊んでいる雄太を見つめる洋子の横顔は、それまで語ってきた証言の内容とは裏腹に、とても穏やかなものだった。

雄太はサッカークラブでも守備の要のポジションで活躍しているという。「この間のバレンタインデーには、5個もチョコレートをもらってきたんですよ」と洋子は嬉しそうに語った。

雄太の10歳の誕生日のときに、洋子が書いて贈ったという手紙を見せてくれた。

便箋3枚になる手紙には、夫の逮捕後の苦しい日々についてはまったく触れておらず、洋子が雄太から聞いて覚えていた、転校先でのエピソードで埋め尽くされていた。仲のよい友達との遊びや、サッカークラブでの出来事など、雄太にとっては楽しい思い出ばかりだった。

「常に人に感謝の気持ちを持っていれば、やってはいけないこと、やらなきゃいけないことが自然にわかるからね。雄太と過ごすこれからの10年は、いままで以上に大事に、そして楽しく幸せに過ごしたいと思います。10年後の雄太がどうなっているか、とても楽しみです」

そして、手紙の最後を洋子はこう結んでいる。

「お母さんはどんなときも、雄太の味方だよ」

# 第二章 加害者家族の顛末

## 連続幼女誘拐殺人事件①証言者

東京西部にあるその場所を取材で訪れた日は大雪だった。

降り続ける雪の中、案内してくれた男性が指差した場所は、砂利がしきつめられた駐車場になっていた。停まっているのは1台のバンだけだ。来る途中の道には畑が広がり、家はまばら。駐車場のニーズはほとんどなさそうな地域だった。駐車場の右手には古い隣家があり、左手と正面は高台になっていた。

案内してくれた男性が言った。

「ここが宮﨑勤の自宅があった場所だ。当時、100人を超える取材陣が、朝から晩まで家の前のこの道路にあふれていた」

1988年8月から翌年6月にかけて、東京と埼玉で4人の幼女が誘拐され殺害されるという事件が起きた。ここは、事件の犯人・宮﨑勤元死刑囚が両親と共に暮らしていた自宅があった場所だった。宮﨑勤が殺めたのは、4歳、4歳、5歳、7歳の幼女。犯行声明が報道機関に届けられたり、被害者の遺灰が家族のもとに送り付けられたりするなどの異常性が注目を浴び、マスコミは連日のように報道を続けた。

案内してくれた男性の名は坂本丁治《ていじ》。宮﨑勤の家族、特に父親と、事件が起きる以前から交流があった人物である。

事件からさかのぼること30年ほど前の1950年代後半。坂本は宮﨑の自宅から歩いて20分ほどの所に住んでいた。大学生だった坂本には、大手新聞社に勤める兄がいた。兄が宮﨑勤の父親と同級生だったことから、坂本は宮﨑の家に頻繁に出入りするようになっていた。

宮﨑の家系は地元では名の通った家で、代々、機織工場を営んでいた。戦後、養蚕業が衰退するにしたがって機織工場の経営も悪化、宮﨑勤の父親は何か新しい事業を始めようと考えた。思いついたのがローカル情報を専門に扱う新聞の発行だった。1957年から、毎週日曜日、地元の家庭に無料で週刊新聞を配布することになった。

宮﨑勤の祖父が広告を集める営業を担当し、祖母がその代金を集める係、父親が取材と編集、そして母親は印刷を手伝った。4つの市町村で3000部を発行するローカル紙を家族一丸となって作っていた。

だが宮﨑勤の父親は新聞についてまったくの素人だった。記事を書いた経験もないため、小学校のときのクラスメートで新聞記者となっていた坂本の兄に相談していた。そこで、当時大学生だった坂本が、兄にかわって、アルバイトとして宮﨑勤の父親の新聞発行を手伝うことになったのである。

毎週木曜日、父親は車で坂本を迎えにきた。坂本は宮﨑家に行くと、父親が取材してきた情報をもとに記事を書いたり、編集して紙面配分を決めたりした。そして、木曜日の夜のうちに地元の印刷所に完成した紙面を持ち込み、土曜日の夜に刷り上がった紙面を、一般の新聞販売店に持ち込んで、日曜日の朝刊と一緒に配ってもらっていた。

「新聞は無料で配っていたので、広告収入だけで経営していた。でも、収入の大半は印刷所に支払う金に消えていた。しばらくすると、宮﨑勤の父親は自分たちで印刷したほうがよいのではないかと考え、印刷機を買った。そのうち私は就職したので、宮﨑の家でのアルバイトを辞めた」

坂本が就職先として選んだのは東京新聞だった。

そして、宮﨑勤の逮捕の際に、父親との再会を果たすことになる。

## 連続幼女誘拐殺人事件②逮捕の知らせ

バブルの絶頂だった１９８９年、東京新聞に勤める坂本は、地元である東京西部を担当する記者として働いていた。

担当するエリアでは幼い女の子が誘拐されるという事件が相次いでいた。山中で全裸の死体が発見されたり、被害者の自宅に骨の一部が送りつけられたり、「今田勇子」を名乗る不気味な犯行声明がマスコミのもとに届けられたりしていた。事件は連日大きく報道され、同一人物の犯行なのかなど、さまざまな分析が行われていた。

その日、坂本は立川支局で泊まりの勤務をしていた。夕刊の締め切り時間間際に、連続幼女誘拐殺人事件の犯人が逮捕されるという一報が入ってきた。詳細はわからず、宮崎という苗字だけが手がかりだった。坂本は地元出身である土地勘をいかそうと、タクシーで地域を回ったが、宮崎という苗字だけでは、該当者が多すぎて何もわからなかった。

しばらくして支局と連絡を取り合うと、「印刷業を営む宮崎」という情報が入ってきた。そのとき坂本は、印刷業を営んでいる宮崎といったら、ローカル新聞を発行している、自分の知っている宮崎なのではないか、とはっとした。かつて宮崎勤の父親が、坂本の家に迎えにきたとき、車の助手席に乗せられていた息子の宮崎勤のことを思い出した。手が不自由だった宮崎勤は車に残り、父親だけが車から降りてきて話をしたのだった。まさか、あの息子が犯人なのだろうか。そのとき坂本は、血の気が引いたという。

坂本は急いでタクシーを宮崎の家へと走らせた。

よく知っている道を通り、宮﨑家が近づいてきた。車窓から見る家は何事もないようにひっそりと佇んでいた。

他のマスコミはまだ来ていなかった。土地勘のある坂本が一番乗りをしたのだった。宮﨑勤の父親は坂本を家に招き入れた。父親はテレビをつけてニュースを見ていた。

「6月6日、息子さんは何をしていましたか」

坂本が最初に質問した6月6日というのは、4人目の少女が行方不明になった日付だった。しばらく考えていた父親は、その日地元のPTA関連の会合に出席したことを思い出し、夕方出かけるときに息子は不在だったと答えた。

「まだ、うちの息子が犯人と決まったわけではないから」

親しく交流してきた知人の息子が殺人犯かもしれないという恐怖の感情を抑えて、一人の記者として取材しなければならないと坂本は考え、質問を続けていった。

1時間ほどすると、新聞、テレビ、雑誌など多数のマスコミが押し寄せてきた。父親は各社のインタビュー取材に必死に答えていた。父親としての責任を問うような質問もあった。父親は各社からの要望を聞き入れ、息子の部屋を公開した。そして、宮﨑勤が収集していたホラーやロリコンのビデオ、雑誌などが撮影され、センセーショナルに報道されていった。

この取材を最後に、坂本も他のマスコミと共に警察によって宮﨑の家から締め出された。警察は現場検証を行うため、宮﨑家の周辺に立ち入り禁止のロープを張り巡らせた。坂本も自由に入ることができなくなった。

この日から次第に明らかになっていった事件の猟奇性は、連日マスコミ各社が大きく取り上げていった。坂本も毎日のように事件についての原稿を書いた。宮﨑勤が被害者の肉を食べたり、血を飲んだりしていたという事実も白日の下にさらされていった。顔見知りだからといって、犯罪を許す気にはまったくならず、筆が鈍ることもなかった。

事件の謎が深まれば深まるほど、坂本は宮﨑勤の父親から詳しく話を聞きたいと思ったが、警察の締め出しが続いており、接触する機会はなかなか得られなかった。

## 連続幼女誘拐殺人事件③憔悴しきった父親

坂本は宮﨑勤の父親への接触を何度も試みた。だが自宅へは警察が張ったロープで近づけず、電話をかけても受話器からは呼び出し音が聞こえるだけだった。そこで、父親が連絡を取りそうな3人の人物に「もし父親から連絡があったら、坂本が会いたがっていると伝えて欲しい」と頼み込んだ。自分が知っている父親が、息子が起こした事件をどのように受け止めているのか、知りたいと考えたからだ。そして、この作戦が功を奏することになる。

宮﨑勤の逮捕から1カ月が経った頃、ある人物から連絡が入った。そして宮﨑勤の父親が坂本と話をしたいと言っているという伝言を聞いた。さっそく坂本は、弁護士と共に父親の自宅へと向かった。自宅の正面には大勢の報道関係者が陣取っていて通行できないので、隣家と接している裏口からタクシーで敷地に入った。時刻は深夜1時を回っていたという。

家の中に入ると、土間は暗かった。家はひっそりと静まり返っていた。

坂本が名乗ると、中から足音が近づいてきた。暗闇の中に人影が浮かび上がった。

坂本がその人影が宮﨑勤の父親だと気づくか気づかないかの一瞬の出来事だった。父親が突然、抱きついてきたのだった。強い力だった。想像もしていなかった展開に、坂本の体は強張《こわば》った。

「こんなことになってしまって……」

父親は抱きついたままその場にしゃがみこむと、涙を流し始めた。

事件の残虐性を考えると、坂本は父親にどんな言葉をかけたらよいのか、わからなかった。しばらくそのままの状態で時間が経った。やがて同行した弁護士がその場をつなぎ、父親を次の部屋へと促した。

少し落ち着きを取り戻した父親は、坂本の目の前に正座した。蛍光灯の明かりで見ると、顔は青ざめ、1カ月の間にげっそりと痩《や》せこけていた。隣には白髪が目立つ宮﨑勤の母親が座った。ほほはくぼみ、実際より10歳は老けて見えた。しばらく黙っていた後、天を仰ぐように上を向いた父親は、言葉を絞り出すようにして話を始めた。

「針のむしろの上に座っているような毎日だ。こんなに苦しむんだったら、死んだほうがどんなに楽か。死ぬのは数秒で終わる。死にたい。死にたい……」

横に座った母親がたしなめるように言った。

「死んだら、また笑いものになる」

息子が逮捕されてから、父親も母親も警察の関係者以外とは話さず、連日、長時間におよぶ事情聴取を受けていた。警察以外の人間と普通に話をするのは久しぶりだと、父親は語った。

「新聞もテレビもとても見ることができない。ヘリコプターの音を聞くだけで、また我が家が取材されていると思って、胸が締め付けられる……でも子どもさんを亡くされた親御さんのことを思って耐えてきた」

父親は深々と頭を下げ、土地などを売って遺族へできる限りのことをしたいと言った。坂本が電話をかけてもつながらなかったことを言うと、嫌がらせの電話が跡を絶たなかったので、電話線を抜いたという答えが返ってきた。そして、もうこの土地には住めないと言った。

坂本は隣の四畳半の小さな部屋に案内された。

はがきや封書が山と積まれていた。坂本が見たところ、ダンボール1箱では足りないくらいの量だった。手にとって見ると、「お前も死ね」「娘を殺してやる」などと書かれていた。宮﨑勤には2人の姉妹がいる。彼女たちを狙い撃ちした嫌がらせが多かった。香典袋が同封されているものもあった。

差出人の名前や住所が書かれていないものばかりだった。何十通にも目を通した坂本は、次第にやりきれない気持ちになった。気がつくと目が潤んでいた。そんな坂本の姿を父親がじっと見つめていたという。

## 連続幼女誘拐殺人事件④親族への影響

坂本による父親へのインタビュー取材が終わりに近づいていた。まだ事件の捜査が進められている段階だが、「いま何か特に言っておきたいことはあるか」という質問に対して、父親は思いもよらないことを口にした。以下のやりとりは、坂本が書いた『単独会見記　針のムシロに坐る父親』（月刊「文藝春秋」所収）からの引用である。

「悪いことをしたのに、お願いできる立場じゃありませんが、事件に関係のない人にまで迷惑がかかっていることがつらいです」

――「それはどういうことですか？」

「（事件に）関係ない人まで職を辞めたり、別の所に身を寄せたりしている。これだけは何とかしなければ」

宮﨑勤には2人の姉妹がいた。長女は事件発覚後、勤め先のスーパーを辞めた。さらに、1989年の年末に挙式することになっていたパートナーとの婚約を自ら破棄していた。次女は、看護学校に通っていたが、退学手続きをとり、看護師となる夢を自ら断っていた。

父親は5人兄弟だった。そのうち、2人の弟は、いずれも会社の役員などをしていたが、事件後に辞任した。下の弟は離婚をした。宮﨑勤のいとこにあたる娘が2人いて、彼女たちの将来を考えて、妻方の旧姓にするためだった。同じくいとこにあたる、宮﨑勤の母親の兄の2人の子どもも勤め先を辞めた。公的な仕事をしており、そのことが週刊誌などで暴露的に報じられたりしたからだ。

父親は自分が嫌がらせを受けたり、精神的に苦しんだりすることについては、「息子が罪を犯した以上、当たり前の罰だと思う」という言葉を口にした。しかし、叔父や叔母、いとこは事件とは関係がないのではないかと坂本に訴えた。

父親と母親の関係、祖父の存在など家族についての事細かな報道が連日続いていた。事件の原因の一つに家庭環境をあげる分析も多かった。もともと宮﨑勤の一家を知っていた坂本自身も家庭環境、特に両親の不仲が要因の一つになった可能性が高いと考えていた。一方で、叔父や叔母、いとこには関係がないと思った。

当時、坂本は新聞記者としてすでに30年近いキャリアを積んでいた。社会部系の取材が多く、主に事件・事故の取材をしてきたが、加害者の家族については本格的に取材をしたことがなかった。このときの宮﨑勤の父親へのインタビュー取材で、初めて加害者の家族が直面する現実を知ったという。

事件から20年以上が経った今回の私たちの取材に対して、坂本は当時を思い返しながら語ってくれた。影響が親族に及んだという件に差し掛かると、時折言葉を詰まらせ下唇をかみしめ、目には涙がたまっていた。

## 連続幼女誘拐殺人事件⑤父親の自殺

宮﨑勤の逮捕からおよそ1年が経った頃、父親と母親、そして2人の姉妹は長く住みなれた土地を後にして、別の町へ移り住んだ。父親は印刷関係のアルバイト、母親はパートを始め、姉妹も職場を変えて、家族4人で身を寄せ合って暮らしていた。

離婚手続きをして、苗字は母親の旧姓を使っていた。被害者の名前を書いた紙に向かい、毎日手を合わせていたという。謝罪してもしきれない罪を、彼らなりに償う道を探し続けていたのだろう。

事件発覚から1年半、1990年3月30日から東京地方裁判所で公判が始まった。だが、父親は一度も傍聴に現れなかった。宮﨑勤が「私選弁護人をつけてほしい」と手紙で依頼をしても拒否し続けた。父親は、坂本にその理由を、「私選弁護人をつけることは自分を守ろうとしていることを意味する。それでは被害者や遺族に対して申し訳ないからだ」と答えた。

こうした父親の態度について、作家・佐木隆三は『宮﨑勤裁判』（朝日新聞社）などで、「日本的風土のなかで一種の美徳と捉える向きもあるがまったくの勘違いである」と批判している。私選弁護人をつけないことで、結果的には国選弁護人がつけられることになる。その費用は国庫負担である。本来は経済的能力のない加害者を救済するための制度が、宮﨑勤の家族のように支払い能力のあるケースに利用されていることは、美徳でもなんでもないという。むしろ、息子への関与を避けている「父親の不在」として批判している。

公判が始まって4年半後の1994年11月21日の早朝、父親は多摩川の河原で遺体となって発見された。高さ30メートル以上ある橋の上から、夜中に身を投じたとされている。

現場に立ち、橋の上から多摩川を見下ろすと、あまりの高さに一瞬足がすくむ。日中は観光客が多く、以前、そのようなことがあった場所だとは誰も気づかずに通り過ぎて行く。そんなのどかな橋が、父親の最後の場所となった。

坂本によれば、父親は死ぬ直前、自宅のあった土地を処分する算段をつけていた。母親とはその後の段取りについて何度も話し合っていた。父親の死後、母親がその遺志を継いで、土地を処分してできた現金を4等分し、被害者遺族それぞれに賠償として送金したという。その金額は遺族からすれば大した額ではなかった。

坂本が目にした遺書には「疲れた」という言葉があった。翌年2月に行われた東京地裁の公判では、弁護人が父親から受け取った遺書を読み上げた。

佐木は1995年4月号の「文藝春秋」で弁護士が読み上げた内容を以下のように記している。「長らくお世話になりました。ご恩に報いることなくお別れすることになり申し訳ありません。息子のことをよろしくお願いします」。このとき、弁護人は時折声を詰まらせながら発言していたが、被告人である宮﨑勤は無感情でメモを取り続けていたという。

佐木は父親の自殺を「現実からの逃避」として非難した。残された被害者の遺族は、我が子を耳をふさぎたくなるような殺され方で失いながら、その悲しみの中で、生き続けている。逃避することも許されず、公判を見守り続けるしかないのである。

一方で父親のことをよく知っている坂本は、私たちの取材に対してこう語った。

「加害者の家族は、罪を犯した本人以上に苦しむことがあるのだということを、私はこの事件を通じて初めて知った」

## 神戸連続児童殺傷事件――被害者の名前すら知らない父親

1997年2月から5月にかけて、神戸連続児童殺傷事件が発生した。14歳の中学生によって2人が殺害され、3人が重軽傷を負った事件である。被害者の頭部が切り取られ、口に犯行声明文が挟まれた状態で、地元の中学校の正門に置かれていたという猟奇性と共に、その犯人が14歳だったという点に日本中が騒然となった。

少年が逮捕されたのが6月28日。その日の衝撃を少年の父親は『「少年A」この子を生んで……』（文藝春秋）の中で記している。

土曜日で家族全員が家にいた。朝7時すぎに突然警察がやってきて、少年から話を聞きたいと言って連れ出した。夕方、警察官の一人が父親に向かって、「2人の弟をどこかに預けることはできますか？」と尋ねてきた。事情もわからぬまま、2人の弟は、近所に住む母親の親戚の所へ預けられることになった。

その直後、父親に家宅捜索令状が突きつけられる。夜になってテレビで犯人逮捕のニュースが流れた。逮捕されたのは少年だったため、名前は報じられなかった。「これは息子のことですか」と自宅にいた警察官に質問すると、「そうです」という答えが返ってきた。

呆然《ぼうぜん》とする間もなく、玄関のインターホンと電話がひっきりなしに鳴り続けるようになった。警察に言われ雨戸を閉めていたが、外では頻繁にフラッシュがたかれ、家の外がマスコミに囲まれているのがわかった。

深夜、一家は警察の手によって、親戚の家に身を寄せるための脱出を決行する。最初に囮《おとり》の覆面パトカー2台を走らせてマスコミの注意を引き、その後の車に一家が乗り込み、自宅を離れた。近くの派出所で警察が用意した別の車に乗り換え、受け入れを承諾した親戚の家に向かった。

身を寄せた親戚の家にはマスコミは来なかった。しかし、なぜこんなことになったのか考えても答えは出ず、一睡もできなかったという。

その後、7月初めに発売される写真週刊誌に、少年の顔写真と実名が掲載されることになった。一部の販売業者は、少年法61条の「家庭裁判所の審判に付された少年犯の氏名、年齢、住所、容貌などが明らかになる記事や写真を、新聞および出版物に掲載してはならない」という規定のもとに販売を中止したが、出版社側は販売を決行した。その経緯が表沙汰になることで却って社会の話題を呼んだのか、販売された写真週刊誌は即日完売した。

この頃からインターネット上に少年の顔写真や氏名などが流されるようになり、父親や2人の弟の詳しい身元も特定されることになった。

7月18日、父親は単独で外出している。検察庁での聴取の帰り道、他人の目を気にしながら残された2人の子どものためにサッカーボールを買ったのだ。翌朝、子どもたちを親戚の家の近くの公園に連れ出しサッカーをした。父親はこうした行動を、意を決して行わなければならないほど追い詰められていたという。

この日、父親は離婚して苗字を変えた上で、2人の弟を県外に住まわせることを弁護士と決めた。

それまで身を寄せていた親戚の家にも、マスコミが頻繁に訪れるようになっていた。インターホンを何度も鳴らした挙句、ドアノブをがちゃがちゃと回し、乱暴にノックしたりした。父親はこれ以上、親戚に迷惑をかけるわけにはいかないと思った。

弁護士の協力もあって、2人の弟は数カ月の間、県外の施設で合宿生活をした後で、さらに別の土地で暮らすことになった。今回の取材で、日本国内にいる限り弟たちに事件の影がつきまとうため、海外で留学生活をさせてはどうかという意見もあったことが明らかになった。2人の弟が父親の元を離れ、県外に脱出したのは8月7日。少年の逮捕から1カ月半が経っていた。三男は空港の喫茶店でジュースを飲むと、すぐに吐いてしまったという。

父親は少年の弟たちについて、手記にこう記している。

「いまでもふっと死にたいと思う瞬間があります。でも、ここで自分が踏ん張って頑張らないと、弟たちはどうなるのか。誰がご遺族の方々にお詫びをしていくのか。弟たちに、これ以上負荷を背負わせるわけにもいきません」

父親は、少年が犯した罪の重さに押しつぶされそうになりながら、残された家族を守らなければならないというプレッシャーと闘っていた。息子が事件を起こしたのが本当ならば、被害者のところへ行って謝らなければならないと考えていたが、何かの間違いであって欲しいという思いも捨てきれなかった。

しかし、あるとき、担当の警察官の一言によって、自分たちは加害者家族としての苦痛を決して口にしてはいけないことを知ることになる。警察官にこう質問されたのである。

「お父さん、2月10日と3月16日に殺された被害者の名前をご存知ですか？」

父親ははっきりとは知らなかった。被害者の名前も知らなかったことを指摘され、愕然としたという。警察官は被害者の名前を口にした後、こう言った。

「事件以来、あなたたち家族への厳しいマスコミ報道、連日の調書取りなどで、辛く苦しい気持ちはわかります。でも、息子さんが起こした事件の被害者3家族は、それ以上に長い年月、辛く暗く苦しい日々を送って悲しみに耐えているのですよ」

父親は返す言葉もなかったという。

## 和歌山毒物カレー事件①落書き

和歌山県で起きた毒物カレー・保険金詐欺事件では、犯人とその家族の自宅に度重なる落書きが行われ、逮捕者が続出するという事態にまで陥った。

1998年7月末、和歌山市内で行われた夏祭りで、カレーを食べた60人以上の人が腹痛や吐き気を訴えて病院に運ばれた。そのうち4人が死亡、中には10歳の男の子も含まれていた。警察の調べにより、当時37歳だった林眞須美にカレーに毒物を入れた疑いがかけられ、逮捕されることになった。

林の自宅を取り囲んだ報道陣は、100人近かったといわれる。逮捕前に撮影された林眞須美の映像がテレビで繰り返し放送されたため、保険金詐欺という事件の悪質性と共に、事件は一気に有名になった。

当時の新聞報道などを見直すと、事件発生の年の11月頃から自宅への落書きが跡を絶たなかったことがわかる。深夜になると、複数の人たちが落書きをしたり、自宅の敷地に侵入したりしていた。

年が明けた1999年に入っても落書きは止まなかった。3月26日の毎日新聞によれば、前日25日に大阪からやってきて、落書きをしていた21歳の女性がパトロール中の警察官から事情聴取を受けている。女性は18歳から21歳の若者5人グループの一人で、大阪府内をドライブしていたが、報道されていた林の自宅への落書きの話題になり、「自分も書いてみたい」と思ったという。この動機は、すでに落書きが広く知れ渡っていたことを物語っている。午前2時すぎ、女性は赤いフェルトペンで落書きしていたところを警察によって逮捕される。

落書きをするのは、若者のグループが多かったようだ。5月28日の読売新聞によれば、前日27日、3人の男が落書きをしていたところを地元の通報によってかけつけた警察官に捕えられ、取調べを受けている。容疑は工作物等汚損の軽犯罪法違反。男たちの年齢は21歳と22歳だった。3人は友達同士で、「面白そうだ」と思って大阪府と広島県からやってきていた。

なお、その前日26日未明には、自宅の西側から南側の通路に無臭で黄色っぽい液体がまかれていた。その範囲は30メートルにも及んでいた。南側にある玄関の門にもかけられており、当時の報道では重油と見なされている。

雑誌「冤罪ファイル」(宙出版)には、一面に落書きされた壁の前で、ある人物が新たな落書きを書き加えようとしている写真が掲載されている。落書きに関する報道が、更なる落書きを呼び寄せ、近所の人たちが辟易するほど事態は深刻化していった。

近所の人たちは、弁護士を通じて犯人夫婦に落書きを消して欲しいと申し入れた。しかし、費用を負担することを拒否したため、放置されたままだった。

そして、事件から1年半後、落書きなどのいやがらせは思わぬ結末を招くことになる。

## 和歌山毒物カレー事件②放火

2000年2月16日午前4時半頃、林眞須美の家が突然、燃え始めた。近所の会社員が気づいてすぐに119番通報をするが、50分間にわたって燃え続けた。木造2階建ての建物は、外壁を残して182平方メートルの内部が灰と化した。持ち主だった林眞須美とその夫が逮捕されてから1年半近く無人の状態で送電も止められていたため、家の中に火の気はなかった。その日の午前零時すぎに、警察が定期パトロールを行った際は特に異常は認められなかったため、放火の疑いももたれた。

その日の読売新聞は、地元の住民たちの不安の声を紹介している。近くに住む40代の主婦は、預金通帳を持って避難して、「一番心配していたことが起きた」と語った。毒物カレー事件の被害者でもある別の住民は、「再び眠れない日が続くのか」と恐怖を口にした。

翌日の日刊スポーツは、「こんなことになる前に取り壊して欲しかった。焼け跡見物に人が集まらなければよいが」と複雑に戸惑う主婦の声を紹介している。出火直後、近所の住民が、現場を離れて行く不審な3人組を見かけたという証言もあった。

前年の夏、犯人夫婦に塗り直しを拒否された近所の住民たちが、落書きで埋め尽くされた壁を塗り直していた。ひどくなる一方の落書きや跡を絶たない見物客の存在によって、物理的に住環境が荒らされただけでなく、精神的にも追い詰められ、遂に自分たちで動くことにしたのだった。

こうした努力によって落書きがなくなり、見物客が減って、地域が落ち着きを取り戻し始めた矢先に、この不審火が発生したのである。

これを機に自宅の処分が進められることになる。

自宅は前年4月に大阪国税局によって、犯人夫婦が滞納している所得税など7000万円の対価として差し押さえられていた。その直後、地元の「被害者の会」が義捐金《ぎえん》などを元手に仮差し押さえを申請し、和歌山地方裁判所によって認められた。損害賠償請求のため、資産である自宅を保全するためだった。

報道によれば、その後、跡地は2度の競売にかけられ、地元自治体が落札した。1995年に犯人夫妻が知人から購入したときには価格は7000万円だったとされているが、その10分の1以下の落札価格だった。

地元自治体は土地を整備し直し、草花を植えて小さな公園のようにした。事件の痕跡を消そうとしたのだった。現在の現場の写真を見ると、一般の通行人なら、跡地を見ても事件との関連には気がつかないほどになっている。

地元の住民の多くは、よほどの経済的な余裕がない限り、事件後も同じ場所に住み続けなければならない。跡地を見るたびに事件のことがよみがえってくるのは酷である。

## 5000万円恐喝事件①父親の職場で

2000年4月、名古屋で15歳の少年たちが友人から5000万円を恐喝していたという事件が発覚した。舞台は地元では進学校とされていた市立中学校だった。中学3年生の男子生徒に対して、十数人のグループが8カ月間で130回に及ぶ恐喝を行い、総額5000万円を奪い取っていた。

中学校に通う15歳の少年たちが起こしたこの事件では、当然、監督責任のある両親が問われることになった。

主犯格とされた加害少年の両親が手記『息子が、なぜ――名古屋五千万円恐喝事件』（文藝春秋）を発表しているが、そこからは事件発覚後、父親が職場でどのような現実に直面していったかが詳細に記されている。

もともとこの父親はごく普通の企業に勤めるサラリーマンで、事件当時は幹部にまで昇り詰めていた。

事件が発覚すると、父親はすぐに役員会で息子が起こした事件を報告した。会社に迷惑がかかるかもしれないと考えたからだった。

その上で、父親は会社に2000万円の融資を申し込んだ。いずれは息子が恐喝した金の返済や賠償をしなければならないと考えたからだ。しかし、役員の一人が反対したことで、融資は得られなかった。

融資を断られた父親は、今後、金銭的な問題が自分たちにのしかかってくることを覚悟した。銀行を回って自宅の建物と土地を担保に融資を依頼したり、預金を取り崩したり、生命保険を解約したり、さらにゴルフ会員権の売却によって賠償金の準備を進めることにしたという。

職場では「よく会社に来られるよな」という陰口を叩かれたと父親は書いている。信頼していた同僚からも「息子が逮捕された後も変わらず会社に来ているな。早く自宅を売って弁済したらどうだ」と言われたという。

残された妻や娘を養っていかなければならない父親は、仕事を辞めるわけにはいかなかった。だが、営業に回っていても、取引先が自分の息子の事件のことを知っているのではないかと常に脅えていた。「針のむしろの上に座っているような気持ちだった」という。

父親は兄弟や親戚からも責められた。息子が多額の恐喝をしていたのに、父親として気づかなかった責任を追及されたのだった。

自宅の裏口には、針金を輪にしたものが幾つも置かれていたこともあった。父親は自殺を促されていると感じたという。車のボンネットには大きな×印の傷がつけられていた。タイヤが切り裂かれパンクしていたこともあった。

父親は夜も眠れず、食事も喉を通らない日が続いた。

そして事件発覚から9カ月経った2001年1月、遂に会社を辞めることになる。勤め先の親会社に「事件の主犯格の親が勤務していることをどう考えるのか」という2通の匿名のメールが届いていたことを知ったからだ。会社から辞職を促されたわけではないが、自分は部下を監督したり指導したりできる立場ではないと考え、自ら辞職を申し出たのだった。

被害者に対する分割の弁済が始まったのは、父親が会社を辞め、収入の道が断たれた時期とほぼ重なっている。

## 5000万円恐喝事件②姉への攻撃

加害少年の姉も事件後、追い詰められていった。

事件が発生する前、スポーツジムで働いていた姉は、自分がやりたいことを見出《みいだ》し、仕事に打ち込んでいた。将来の夢を抱き、仕事に精を出し、貯金を少しずつ始めていた。

それらはすべて一瞬にして消え去ってしまった。

事件発覚後、姉はマスコミなどから逃れるために知人の家に預けられた。職場であるスポーツジムへは、しばらくはその知人の家から通っていた。その生活も長くは続かなかった。

職場では加害少年の姉であることを隠していたが、あるとき、気づかれたと感じた。水泳を教えていた子どもたちから、突然、住所を聞かれたからである。弟の事件のことを知られてしまったとショックを受けた姉は、スポーツジムに退職願を出した。職を失った姉は両親のいる自宅に戻った。だが、自宅では嫌がらせの電話が鳴り止まなかった。また、あるとき新聞社の記者が玄関のドアを何度も叩いたことがあったが、姉は応対しなかった。すると記者は「誰もいねえのか、チェッ」と捨て台詞《ぜりふ》を吐いて立ち去ったという。

インターネットには、「加害少年の姉を拉致してレイプしてしまえ」といった書き込みもあった。見知らぬ男に追いかけられることもあった。家の周りには見知らぬ車が常に止まっており、明らかに近所の住民ではない人が見物に来ていた。インターホンを鳴らして逃げて行く人も跡を絶たなかった。

当時の心境を姉はこう書いている。

「行く所がなくて、誰にも会いたくなくて、友だちにすら電話できませんでした。人に会うのがたまらなく怖かったんです。ずっと車で走っていました。意識というか感覚はほとんどなくて、行く所に困って泣いていました」

やがて、中学に入ってから変わっていった弟のことを思い返し、なぜ自分がもっと早く気づいてやれなかったのかと悔んだ。事件発覚前、姉は、高価な品を所持し始めていた弟を何度も問い詰めていた。その度に、弟はパチンコで勝ったと答えたり、怒って反発したりして、決して本当のことを語ろうとしなかった。もっと厳しく問い詰めればよかったのだろうかと、姉は犯罪の予兆に気づくことができなかった自分を責め、自殺も考えたという。生きている意味がわからず、毎日泣いていた。

事件発覚からの1年間を振り返り、姉は手記の最後にこう記している。

「怖くて怖くて生活も将来も怖くて怖くて悲しくて悲しくて仕方なかったです。毎日、毎日、涙がとまりませんでした。自分が私の立場に立ったらどう思うか考えてほしいです。人間が大嫌いになるはずです」

## 長崎男児誘拐殺人事件①「親も打ち首」

2003年7月1日、長崎市で中学1年生の男子生徒が4歳の男児を殺害するという事件が起き、ニュースは日本全国を駆け巡った。

補導された男子生徒は、市内の家電量販店のゲーム売り場にいた被害者の男児を「お父さんは先に行ったよ」と言って誘い出した。4キロ離れた立体駐車場に連れて行き、男児を裸にすると、持っていたハサミで傷つけた。男児が激しく抵抗したため、7階建ての駐車場の屋上から投げ落としたという残虐な事件である。

事件の10日後の7月11日。この事件に関連して、ある大臣の発言が物議を醸《かも》すことになった。時の小泉内閣の防災担当相であり、政府の青少年育成推進本部の副部長を務めていた鴻池祥《こうのいけよし》肇《ただ》。この日の閣議で青少年犯罪などの問題を議論した直後の会見での発言だった。

当時の新聞報道などによると、発言の内容はおおむね以下のようなものである。

「こうした少年事件に対して厳しい罰則を作るべきだ。加害者の少年を罪に問えないのならば、親を市中引き回しにした上で打ち首にすればよい」

「少年犯罪は親の責任だ。マスコミにも責任がある。被害者の親だけでなく、加害者の親も引きずり出すべきだ。担任の教師も校長もそうだ」

打ち首も引き回しも江戸時代の刑罰だ。罪人の首を切る斬罪が打ち首であり、引き回しは、打ち首の前に罪人を馬に乗せて一般市民に見せるという、さらに一段重い罰である。

時代劇が好きで「信賞必罰、勧善懲悪」を持論とするこの大臣にしてみれば、もちろん譬《たと》え話なのだろうが、この発言は各方面からの反発を受けることになった。新聞やテレビなどが有識者の発言を引用し、不適切発言として非難したのだ。

江戸時代、刑罰は犯した罪に対する「応報刑」としてとらえられるのが基本だったが、近代化とともに更生を視野にいれた「教育刑」としての意味合いが強くなった。特に少年法は加害少年の更生を目指した保護法制として存在しているのであり、それを無視した発言だという批判である。

だが、一方で大臣の事務所には、その日のうちに電話やメールなどで1000件を超える反響が寄せられ、その8割が発言内容を支持するものだったという新聞報道もある。

この大臣の発言から浮かび上がったのは、両親を引きずり出せという「応報」の感情が、日本社会に根強く存在している事実である。

この事件について、後に家庭裁判所は「親子関係が非行に与えた影響は大きい」として、加害少年の両親の責任に言及している。成人が犯す事件の場合と違って、少年事件の場合は、親に一定の責任があることは一般的に認められている。

## 長崎男児誘拐殺人事件②広がる波紋

加害少年の両親は、事件後しばらく世間やマスコミを避けて姿を現さなかった。共同通信の佐々木央記者は「逃げ回った結果、被害者家族への謝罪は遅れ、父親は料理店のコック長の職も失った」と書いている。謝罪がないことが更なる怒りを呼び、被害者の家族は男子生徒だけでなく、両親への憤りを募らせていったという（『加害者の家族と被害者の家族』、「みんなの図書館」2004・9より）。

加害少年の両親が姿を現したのは事件から3カ月後だった。10月1日、長崎新聞の朝刊一面に掲載された両親の言葉は、「一生かけて償っていきたい」というものだった。被害少年の両親は「これは偽りの謝罪だ」として受け入れなかった。当の長崎新聞はコラムの中でも、加害者の両親は、自分の子どもが事件を起こしたことを知った時点で、すぐに表に出て謝罪をすべきだったとしている。

影響は家族にとどまらず、男子生徒が通っていた中学校の生徒たちが、家族の次に加害者に近しい存在として世間からの攻撃にさらされ、脅えるようになったのだ。

テレビや新聞では、学校名を伏せた報道がされていたが、インターネット上に学校名が公表されたのだ。ぼかしが入ったテレビ映像を解析して、学校名を特定するという動きもあったといわれている。

インターネットでは、加害少年の実名や顔写真が流された。中には、どういう目的があったのか理解に苦しむが、まったく別人の顔写真が使われていたケースもあったという。

2003年7月13日の「しんぶん赤旗」によれば、教頭は記者会見で嫌がらせの電話が殺到していることを明かしている。「一つの電話が終わって受話器を置くとすぐに次の電話がなる」という状態で、半分は無言電話だという。学校のホームページは、「殺人者を育てた学校」という趣旨の書き込みが続いたため、閉鎖された。

事件とは無関係の生徒たちも巻き込まれていた。わざと体をぶつけて絡まれるというケースもあった。制服の胸についた校章をつかまれるというケースもあった。嫌がらせや中傷を恐れた生徒やその家族たちは、学校名がわかってしまう制服での登校を嫌がった。学校側はその要望を受け入れ、私服による登校を認めた。

マスコミ対策などトラブルを避けるために、通学路には生徒の親たちが立った。生徒たちは、親が見守る中で登下校を続けた。

学校ではマスコミから撮影されるのを避けるため、窓とカーテンを閉め切って授業を行った。ちょうど夏休み前の暑い夏だったが、体育のプールの授業も中止されたという。

学校内に立ち入ったPTA会長は、「教室が沈みきっていた」と記者の取材に対して答えている。

かなりの数の生徒が、夜眠れないなどの症状を訴えて、しばらくの間、学校を休むことになった。

## 地下鉄サリン事件①二重の苦しみ

20世紀末の日本を震撼させた1995年3月20日の地下鉄サリン事件。神経ガスの一つであるサリンが朝のラッシュ時間帯の地下鉄に散布された無差別テロ事件である。乗客や駅員ら10人を超える人が亡くなり、負傷者は6300人にものぼった。加害者であるオウム真理教の元幹部たちは、坂本弁護士事件、松本サリン事件など複数の事件にも関わり、多くの犠牲者を生み出していた。

元幹部たちは、教祖であり代表でもあった麻原彰晃を筆頭に、次々と死刑判決などを受けている。被害のあまりの甚大さに加え、「オウム」という名前が日本社会に不気味なものの代名詞として広まった。そのため元幹部たちの家族は、単なる加害者の家族としてだけでなく、オウム真理教の信者の家族として二重に苦しめられることになる。

地下鉄サリン事件から10年が経とうとしていた頃、東京拘置所にいた元幹部に取材で数回面会した。その元幹部は、冒頭にかかげた複数の事件にかかわり、死刑判決を受け、当時上告中だった。元幹部は「自分のことを報道してもかまわないが、名前を出すのだけは止めてくれ」と言った。報道され、再び家族が「○×の家族」として世間からの非難にさらされるのを避けたいというのが理由だった。

実刑判決を受けた別のある元信者には、結婚をしている弟Jがいた。弟Jは、兄が得体の知れない新興宗教に入信したため、何度も脱会させようとしたが失敗した。何年も音信不通になっていた矢先に地下鉄サリン事件のニュースを知ったのだ。事件発覚直後、弟Jは兄の関与を知り、発狂した。精神的に不安定な状態に陥り、「妻に迷惑はかけられない」と言って、自ら離婚を切り出していた。

この元信者の家族には、オウム脱退者を支援するグループが関わっていた。事件後の心のケアを含め、さまざまな相談に乗っていたが、弟Jはある時期から、支援者が家にくると部屋に閉じこもり、いっさいのコミュニケーションを断ったという。

母親は弟の行く末を案じていた。元信者の家族が集まる会合に何度か顔を出していた母親は、元信者である兄の話題になると、兄が犯した罪の重みだけでなく、弟Jにも及んでしまった影響を考え、泣き崩れていたという。

何年にもわたって苦しみ続けた弟Jの救いは妻だった。「あなたには関係のないことだから」と言って、離婚を拒否し続けたのだった。社会的には完全に排除されながらも、妻の支えを受けて、その後、弟Jは再起を果たした。

## 地下鉄サリン事件②四女の告白

死刑判決が確定しているオウム真理教の教祖・麻原彰晃、本名松本智津夫の四女が、『オウムを生きて——元信者たちの地下鉄サリン事件から15年』（青木由美子編・サイゾー刊）の中で手記を発表している。オウムの関係者で、しかも松本の子どもである四女は、加害者家族としては究極の存在ともいえる。この手記の中では、10年以上にわたって事件のことを知らずに生活していたという事実が語られている。

手記の中で、四女は父親の逮捕の直後に、自殺を図ったことを明かしている。だが、一連の事件の真実を知らないため、その重大さに打ちひしがれた自殺未遂ではない。四女は当時6歳。

オウムという閉鎖的な社会の中に生きていた四女は、父の逮捕をきっかけに唯一の社会が崩壊し、兄弟が仲違《たが》いしていく現実に耐えられなくなったのだという。心臓のある左胸に包丁を突き刺そうとしたが、結局、刺すことができなかった。

その後、四女は母親の実家に引き取られ、本人曰く「生まれて初めて、外の世界に接する」ことになり、小学校に通い始めるが、オウムや松本に対する地域社会の強い反感から登校拒否をする。

再び学校に通い始めたのは2001年4月。そこで、クラスの担任からこんな言葉を突きつけられる。

「校長先生に呼び出されて、いきなり松本さんの担任になれと言われたからびっくりしたよ。嫌だとも言えないし」

四女は学校でいじめに遭うが、その背景にはこうした教師などがきちんと対応してくれず、差別的な扱いをしたことがあるからだと考えていた。この時点で、オウム真理教が引き起こした事件について真実を知らない四女は、学校でのいじめを「宗教弾圧」の一つだと感じていた。

2003年1月、四女はリストカットをする。カッターナイフやはさみを使って、2週間、毎日手首を切った。兄弟姉妹が止めに入り、教育委員会に対していじめ対策を要望することになった。そして、四女は通っていた中学の校長から言われる。

「あなたがたのお父さんは、たくさんの人を殺しましたね。あなたが死んでも、しかたがないでしょう」

この一言に対して同席していた弁護士たちはどよめくが、事件のことを知らない四女は、何を言われているのかまったくわからなかったという。

2004年2月27日に下された松本智津夫への死刑判決が、四女の考え方を一変させる。

四女は学校を休み、父親がなぜ死刑判決を受けたのかについてインターネットで調べたり、本を読んだりして自分なりに調べ考えるようになった。そして、なぜ自分がいじめられ、差別を受けてきたのか、その本当の理由を知るのである。

被害者に対する賠償として支払わなければならない金で、自分は贅沢な暮らしをしているということにも気づかされた。

四女は絶望し、心が麻痺してしまったという。カウンセリングを受け、児童相談所に駆け込み、現実を受け止めようと必死に格闘した。

事件の真相を知るプロセスを通じて、四女は自分がどう生きていけばよいかわからず、悩み続けることになる。そして、両親、兄弟、元信者、オウムの関係者が、誰もきちんとした謝罪をしていない中で、せめて自分だけでも謝っていかなければならないと思うようになった。

オウムの関係者とは手を切り、ネットカフェを転々とし、ときにはホームレスとなって日々生活をしているという四女は、手記の最後にこう記している。
「加害者側の自分が、たとえ一時であっても全部忘れて楽しく過ごすなど、絶対に許されないことだと思うのです」

## 地下鉄サリン事件③マスコミによる濡れ衣

オウム真理教が引き起こした重大事件の一つ、松本サリン事件では、事件現場に住んでいたことから第一通報者になった河野義行が、何の罪もないにもかかわらず事件発生直後から犯人扱いを受け、マスコミや社会から激しい迫害を受けた。後に冤罪であったことが白日のもとにさらされるのだが、河野自身が『「疑惑」は晴れようとも——松本サリン事件の犯人とされた私』(文藝春秋)などを通して明らかにしたその経緯は、加害者家族が追い詰められていくプロセスを知る上で参考になる。

松本サリン事件が発生したのは、1994年6月27日の深夜。長野県松本市内の住宅街で毒ガスのサリンが散布され、7人が死亡した。

翌日の28日には毒ガスの影響で入院している河野のもとへ、事情を聞きたいという警察官たちがやってくる。

このとき自宅を守ることになったのが長男Hだ。Hは「この日から自宅への電話がすさまじかった」と述べている。河野は長男Hに対して、かかってきた電話の要件をすべてメモしておくようにと伝えていた。事件発生の翌日から、マスコミからの取材・問い合わせだけでなく、無言電話や嫌がらせも始まっていた。

マスコミは28日の朝から河野家の庭に立ち入ってテレビカメラでの撮影を始め、毒ガスで死んだ犬の映像を撮ったりしていた。警察や消防も含めると100人近くが河野家の庭を出入りする背景には、「この家が発生源じゃないのか」というイメージがあったのではないかという。

その日の夕方、各社が「殺人容疑で第一通報者である会社員・河野義行の自宅が家宅捜索を受けている」というニュースを報じた。

翌日の29日の新聞各紙の朝刊では、河野が犯人であるかのような報道が紙面を占めるようになっていた。自宅の電話は鳴り止まなかった。長男Hによれば、マスコミからの取材と嫌がらせの電話が半分ずつだったという。

その翌日の30日も嫌がらせの電話が続いた。「嫌がらせはエスカレートしてきて、年配の男の人が多くなり、松本から出て行けなどと言われる」と書いている。事件発生から疲れがたまっていた長男Hは、この日近所の教会に逃れ、昼食を食べさせてもらい、しばらく仮眠をとった。自宅の前では、興味本位に「ここが現場か」と言って足を止める見物人も出てきていた。

テレビや新聞による連日の報道が、河野が犯人であるかのような空気を作り上げていった。

河野は担当の警察官に対して「毒ガスを製造したのは河野義行であり、有力な容疑者となっている」という報道発表をしているのか直接問いただしたが、そのような発表はしていないとのことだった。

では、その情報はどこから出てきたのか。河野はのちに知ることになるのだが、記者が警察官に対するいわゆる「夜回り」で得た情報がもとになっていた。報道発表ではない非公式取材から得られた情報によって、犯人像が勝手にでき上がっていたのだ。

事件発生から1カ月経っても、河野家への嫌がらせの電話は続いた。毒ガスの影響で入院していた河野が久々に我が家に帰ったときも、夜中まで嫌がらせの電話が鳴り止まず、睡眠薬などを服用しても眠りに就くことができなかった。

社会全体が河野を犯人視するようになった中で、長男Hたち家族は河野のことを信じ続けていた。退院した河野に対して、長男Hはこう語りかけた。

「もしお父さんが逮捕されても、恥ずかしいことは何もしていないんだから、堂々と胸を張っていけばいい。後ろ指をさす人がいたら、その人が間違っている。そういう人はかわいそうな人だ」

河野の勤務先の寛容さも救いとなった。河野は犯人扱いをされていたが、「事実関係が判明するまでは冷静に待つ」という姿勢を貫いていたのだ。

結局、1年後の1995年3月に起きた地下鉄サリン事件をきっかけに、河野への疑いは晴れることになった。

河野は自分が犯人視されていくあまりの早さについて、こう述べている。

「事件発生からわずか23時間で警察が犯人のレッテルを作り、マスコミが2日でそれを貼ってしまった。世の中スピード時代といわれているが、あまりにも早過ぎはしないだろうか」

## 山梨幼児誘拐殺人事件

加害者家族への攻撃は、いまに始まったことではない。

1980年8月2日、5歳の幼児が誘拐・殺害された「山梨幼児誘拐殺人事件」では、犯人の家族が住む家に石が投げられ、放火もされている。

この事件では、誘拐された幼児の自宅に2週間の間に30回も身代金を要求する電話がかかるという、誘拐事件としては前代未聞の事態が発生した。8月15日に電気工事業をしていた男性Kが逮捕され、安田好弘弁護士が弁護を担当することになった。

安田は『「生きる」という権利』(講談社)の中で、残されたKの家族がさらされることになった「虐待」と「迫害」について記している。それによれば、外付けのプロパンガスのボンベからホースを外され、家の中に突っ込まれただけでなく、放火までされたという。無言電話やインターネットでの攻撃とは違い、物理的な迫害はすさまじいものがある。

耐えられなくなったKの妻は、重いぜんそくをわずらっていた長男を含む小学生の子ども2人を連れて、地元から逃げ出した。その後、別の町で名前を隠して小料理屋を営み始め、何とか生計を立てていった。

公判でKの妻は証言台に立ち、あまりにも辛い日々に何度もくじけそうになったが、父親のことを思う2人の子どもたちの「お父さんを助けてほしい」という言葉を胸に、自分を励まし続けてきたと語った。

「夫の犯した罪は私の罪です。弁護士からいろいろと事実を聞きました。夫が罪を犯すまで追いやってしまったのは私です。私は夫と同罪です。私は夫とともに罰を受けようと思います」

犯行前、Kは電気工事業を始めていたが、なかなか工事を受注できず、借金ばかりがかさんでいた。仕方なく妻の実家に資金を援助してもらい急場をしのいだ。しかし、その後も原価を割って仕事を引き受けるなどの無理がたたって、経営は回らなくなってしまう。再び妻の実家に頼るわけにもいかず、犯行に及んだのだった。妻はその経緯を知っているだけに、自分にも責任があると感じていた。

安田によれば、自らの罪を重く受け止める妻の言葉に、3人の裁判官は涙をこらえ、しばらく上を向いたままだったという。

だが、公判が進む中で、妻は次第にKとの面会を渋るようになっていた。控訴審に入り、安田たちが面会するように何度も依頼して、やっと一度だけ拘置所に足を運んだが、その後は二度と面会に行かなかった。

事件によって厳しい生活を強《し》いられ、2人の子どもを必死で育てている妻にしてみれば当然だろう。妻が面会に行かなくなった理由として、安田は「自分たちを苦しめる原因を作った夫に対する、怒りと不信とが渦巻いているのかもしれない」と書いている。

## 名古屋女子大生誘拐殺人事件

1980年に発生した名古屋女子大生誘拐殺人事件。ちょうどテレビで朝のワイドショーが本格的に始まった時期で、大々的な報道がなされ、加害者の家族は窮地に立たされた。

この裁判の弁護を担当した安田好弘は、罪を犯した息子Sを死刑執行まで見守り続けた母親の思いについて、同じく『生きるという権利』で詳細に記している。

事件は、名古屋の有名大学に通う女子大生の誘拐事件だ。妻のある男Sが、愛人との二重生活によって多額の借金を抱えるようになってしまい、競馬・競輪で一発逆転を狙うもののさらに借金を増やしてしまい、犯行に及んだのだった。

被害者宅に脅迫電話をかけた犯人の声がテレビで流され、公開捜査が始まった。その声を聞いて真っ先に反応したのは、Sの母親だった。この声は自分の息子のものに違いないと確信したという。早速、Sを呼び出して、「犯人の声はお前ではないか」と詰問した。

事件への関与を否定し続けるSの説明に対して、母親は納得せず、自分の家に寝泊りさせて監視を続けた。Sが逃げたり自殺したりすると、被害者の行方がわからなくなってしまうと考えたからだという。

その後、真相が明らかになり、Sは逮捕されることになる。誘拐した女子大生を殺害し、遺体を木曾川に捨てたという供述を受けて、大規模な捜索が始まった。しかし、3カ月経っても遺体は発見されなかった。捜索には地元の住民も加わり、連日のようにテレビで報道された。Sの母親は息子の犯した罪の重さを感じたのか、自ら遺体の捜索に参加することもあったという。

Sには妻と子どもがいた。安田によれば、妻は子どもたちに「お父さんは海に釣りに行って死んだ」という説明をしていたという。Sは子どもたちに累が及ばないように、妻と離婚し連絡を絶った。

母親は事件を機に仕事を失った。さらにSの兄にあたる長男家族と縁を切った。母親である自分だけがSと共に責任をとり、事件には直接関係のない長男家族を守りたいという考えからの行動だった。

重大事件を数多く扱う弁護士たちに取材をした際、彼らは口をそろえて、加害者の母親の存在の大きさを語った。死刑や無期懲役の判決が出ても、最後まで加害者を見捨てないのは母親だけという場合がほとんどなのである。兄弟や配偶者、父親が縁を切ったり音信不通になっても、母親だけはつながりを断ち切ることがないという。

Sの母親もそうだった。

裁判は一審、二審と死刑判決が下され、最高裁で刑が確定した。母親は長年苦しい思いをしていたに違いないが、終始一貫して、名古屋拘置所に収容されていたSへの面会を続けていた。周囲のすべての家族と縁を切り孤立無援となったSとその母親は、1回15分程度しかない面会を何度も重ねていた。

1995年12月21日の朝のことだった。母親がSに面会をしようと拘置所を訪ねると、「いま、取り込んでいるので午後に来て欲しい」と言われた。午後、再び拘置所に足を運ぶと、「今朝、お別れをしました」と死刑の執行を告げられたという。

生前、Sは拘置所でキリスト教に出会い、信心を深めていた。そして、その4カ月後に死刑は執行された。

母親はSの遺品として、拘置所の中で毎日のように開いていた聖書を受け取った。安田はS

と母親の顛末を思うと、いまでも「胸が潰れそうになる」と書いている。

## 冤罪でも人生は終わる

昨今、死刑判決を受けた人たちが実は冤罪だったという事実が次々と暴かれている。彼ら、そしてその家族が何十年にもわたって苦しみ続けた人生を思うと、あまりの理不尽さに胸が痛くなる。しかし冤罪は、死刑判決を受けるような重大事件だけでなく、私たちの身の回りでも十分発生しうる。

九州工業大学教授で刑事法学専攻の佐藤直樹が『世間の目』(光文社)で指摘しているのは、本当は冤罪であっても、逮捕され、容疑者となるだけで、社会からはじきだされてしまう現実である。

2000年8月、建材会社を経営する中年男性のMが逮捕される。身に覚えのない容疑だった。知人のK子が強制わいせつ罪で告訴していたのだが、実はすべて虚偽だったと後になって判明する。だが、逮捕されたときのMはまだ何が起きたのかわからないまま、19日間にわたって身柄を拘束された。

間違った逮捕によってMの人生は奈落の底へつき落とされる。24年間経営してきた会社は、逮捕から1年後の2001年8月に廃業へと追い込まれた。事件を契機に取引が激減してしまい、売り上げが半分以下に落ち込んだからだ。当時の河北新報によれば、Mは電器店のパート販売員として、何とかその日その日の生活を乗り切るのに精一杯だった。

Mが逮捕されてから3年後の2003年8月、K子は福島地方裁判所で、虚偽告訴の罪により懲役1年の実刑判決を言い渡される。この判決について、Mは自分が逮捕されてからの苦難の3年間を振り返ると、「判決は軽すぎる」と報道陣に対してコメントした。

客観的な事実としては、MはK子の虚偽告訴によって容疑者になっただけだ。無罪になる可能性があるとしても、Mは会社を廃業せざるを得ない状況に追い込まれた。仮に冤罪であっても逮捕されてしまえば、それでその人の人生は終わってしまう。

佐藤はこう指摘している。

「Mさんが法律上無実であると理屈の上ではわかっていても、いったん逮捕された人間は世間が許さないのだ。世間では理屈が通用しない。世間では人権や権利が通用しない」

すでに触れたように、松本サリン事件で犯人扱いをされた河野義行は、事件によって社会的な地位を失ってしまった。

全国ニュースにはならないような地方の強制わいせつ罪であっても、容疑者とされてしまったら、その時点で築き上げてきた人生は崩壊してしまうのだ。事件の大きさが、被疑者への社会的な制裁の軽重を決めるわけではないのである。

## 秋田児童連続殺害事件――弟の絶望

2006年4月9日、秋田県藤里町で小学4年生の女の子が行方不明になり、翌日、近くの川で遺体となって発見された。1カ月後の5月17日、女の子の2軒隣に住んでいた小学1年生の男の子が行方不明となり、翌日やはり近所の川で遺体となって見つかった。

6月4日、殺された女の子の母親である畠山鈴香容疑者が逮捕された。逮捕前、報道陣と相対する姿がテレビで繰り返し流されるなどセンセーショナルな報道がなされた。その後公判では、一審、二審とも無期懲役の判決が下された。

公判中、被告は近所の男の子の殺害については認めながらも、自分の娘の死因については事故と主張するなど、証言内容が二転三転している。

畠山鈴香には4歳年下の弟がいる。

事件から2年後の「週刊新潮」(2008・8・14、21)は、『弟の絶望』という記事を掲載している。

事件の前の年に脳梗塞で入院していた父親は、事件から1年後に亡くなった。その最期は悲惨なものだった。

死の直前、父親は妻(畠山鈴香の母)を離縁し「俺の孫を殺した娘なんか、絶対に許さない」と言い放ったという。妻は旧姓に戻させられ、葬式への出席も許されなかった。

弟は、姉の逮捕から10カ月後の2007年3月末に、勤め先だった運転代行業の会社を退職している。友人によれば、酔客を乗せたときに「畠山鈴香の弟か」と携帯電話のカメラを向けられ、苦笑いすると、「お前が笑うところじゃないだろう」と返されるということが頻繁にあった。「いたたまれずに辞めた」と友人は語っている。

週刊新潮によれば、弟はハローワークに通う毎日だという。就職の面接では事件のことを隠さずに話している。だが就職先はなかなか見つからない。弟は生活保護の受給を受けるために、乗っていた軽自動車を手放したという。

この頃、一緒に食事をした友人は、畠山鈴香の弟の容貌を、以前に比べて目は落ち窪み、痩せ細っていたとしている。「人と一緒にメシ食うの久しぶり。ご飯ってこんなにおいしいんだ」と言いながらも、事件の影響で胃が縮んでしまったのか、ほとんど箸《はし》をつけなかったという。

この記事が掲載されたのは、二審仙台高裁での公判が始まる前だった。

一審では公判に通い続けた弟だが、二審には足を運びたくないと、友人に語っている。

姉に対して絶望したのか、この友人に対して次のような言葉を口にしたという。

「被害者の家族会はあるけれど、加害者のは、なぜないのかな。みんなどうやって生き長らえているんだろう」

死ぬ直前の夫から離縁を突きつけられた母親は、その後、世間から身を潜めている。以前から足が悪かったが、一審では弟と一緒に公判に通い続けていた。無期懲役の判決が出た後に足の手術をして、しばらく入院したが、退院後は実家に身を寄せ、マスコミの姿に脅えながら暮らしているという。

2010年の1月から2月にかけて、東北地方のこの弟の自宅に手紙を通して何度か取材を申し込んだ。しかし、返事はなかった。

## 交通事故による悲劇①自殺した加害者家族

交通事故の場合も、加害者の家族は悲惨な道をたどることになる。

交通事故統計年報によれば、平成20年の1年間に起きた交通事故は76万6417件、5155人が犠牲となっている。負傷者数は94万5504人にのぼる。これだけの膨大な数の被害者、そして加害者がいるのである。

自分の身内が殺人などの罪を犯すとは想像できないという人でも、身内が（あるいは自分が）交通事故を起こしてしまうかもしれないという恐怖は、少なからずあるのではないだろうか。

交通事故の加害者となった本人や家族は、多くのケースで高額な賠償金や慰謝料などの金銭的な負担を負わなければならなくなる。

一方で、ひき逃げ死亡事故では加害者本人が事故後に逃走するものの、罪の意識にさいなまれて自ら命を絶つというケースが少なくない。

しかも加害者でなく、その家族も自殺に追い込まれることがある。

2001年1月2日の午前4時。茨城県H市の住宅街で火事が発生した。出火元となった木造2階建ての住宅約95平方メートルが全焼。火は隣接していた住宅に燃え移った。結局、住宅3棟が全焼し、約350平方メートルが灰となった。

そして、焼け跡から一人の女性の焼死体が見つかった。出火元の家に住んでいた57歳の主婦だった。62歳の夫と2人暮らしをしていたこの主婦は、近所でパート店員の仕事をしていた。

実は、この夫は、ひき逃げ死亡事故を起こしていた。火事からさかのぼること9日前、夫は茨城県内で死亡事故を起こし逃走。その後、業務上過失致死容疑で逮捕されていたのだった。

当時この火事を報じた読売新聞によれば、警察はこの主婦が焼身自殺を図った可能性もあるとみているという。

クリスマス・イブの日に夫が起こしてしまったひき逃げ死亡事件。そして、正月明け2日未明の妻の焼身自殺。何の罪もないまま犠牲となった被害者の悲嘆とは比べることはできないのだが、加害者とその家族が背負うことになった十字架も重い。

無理心中にいたるケースもある。

2002年6月15日の朝、奈良県の山奥の村で、農家の老夫婦が心中しているのが見つかった。夫は75歳、妻は76歳。頭から血を流して倒れていた2人の遺体の傍《かたわ》らには、遺書と散弾銃、刃渡り15センチの斧が落ちていた。警察は、夫が斧で妻を殴り殺した後、散弾銃で自殺をしたとみていると翌日の読売新聞は伝えている。

心中した夫は、1カ月前にひき逃げ死亡事故を起こしていた。5月14日、村内の国道で軽トラックを運転中、近くに住む86歳の女性をはねて死亡させていたのだ。夫は事故現場から逃走したが、1時間後に業務上過失致死容疑などで逮捕、起訴されるが月末には保釈されている。自殺した妻は体調がすぐれず、妹が介護のために通っていたという。

夫が残した遺書には「事故のご遺族に申し訳ない」と書かれ、介護に通っていた妹は、その夫が事故のことを深く悔いていた様子を目《ま》の当たりにしていた。

記事の最後は、「警察はひき逃げ事件を苦に心中したとみている」という一文で締めくくられている。

この無理心中は、事件の罪は加害者一人が背負うものではないのだということを物語っている。

## 交通事故による悲劇②兄をかばった妹

もう一つ、ひき逃げ死亡事件の加害者家族が経験した悲劇がある。

1987年9月7日の夜、千葉県K市を縦断する国道で、自転車に乗っていた高校生が走ってきた乗用車にはねられた。乗用車はそのまま走り去った。

事故から1時間ほどして、一組の兄妹が近くの警察に自首してきた。23歳の兄と19歳の妹だった。妹は「私が運転をしていた」と話した。その深夜、被害に遭った高校生は死亡。警察は業務上過失致死と道路交通法違反の容疑で妹を逮捕した。付き添いにきていた兄は、自宅へと帰っていった。

しかし実は、この自首こそが加害者家族の苦渋の決断だった。翌日、事態は大きく動いた。一夜明けた8日の午後、逮捕されていた妹が「運転していたのは私ではなく、本当は兄だった」と告白したのである。この兄妹の父親は自営業を営んでいた。ところが、50代の父親が足を怪我して思うように仕事ができなくなったため、兄が働いて店を切り盛りしていた。21歳の兄は一人で両親と妹を養っていたのだ。

妹は、前夜に嘘の供述を行った理由について、「一家の中心である兄が逮捕されると生活が成り立たなくなるので、自分が身代わりになった」と警察に対して説明した。急遽、警察は兄の事情聴取を行おうとした。

そこへ、一本の110番通報が入った。

兄が自宅の裏の土手で木にロープをかけて首をつって自殺しているのを、近所の主婦が見つけたのだった。

警察がかけつけたところ、自宅のベッドからは2通の遺書が見つかった。一通は両親に宛てたもの、もう一通は妹に宛てたものだった。「申し訳ない」と事故を起こしたことを家族に詫びる言葉が記されていた。

警察は妹をいったん釈放したが、今度は犯人隠避の疑いで、任意での取調べを行うことになった。

加害者となった兄を思い、自ら罪をかぶろうとした妹。そこには加害者家族が抱く強い自責の念と将来への不安があったのだろう。しかし結果的に、兄の自殺という取り返しのつかない結末となってしまった。

## 交通事故による悲劇③市役所に非難殺到

交通事故における加害者家族の懊悩《おうのう》を見てきたが、ここからは加害者の周囲にいる関係者たちへも激しい非難が行われるという事態を見ていく。

2006年8月25日の夜、福岡市の湾岸道路で追突事故が起き、3人の子どもが犠牲となった。夏休みも終わりに近づいた時期だった。昆虫採集の帰り道だった一家5人が乗った車が追突され、15センチあった車道左の段差を乗り越え、高さ1メートルの金属製の欄干を突き破って海に転落したのである。

追突した車を運転していたのは22歳の福岡市職員で、野犬の捕獲や予防接種などを行う動物管理センターに勤務していた。19歳の男性も同乗しており、福岡市内の繁華街にあるスナックで酒を飲んだ帰り道だったことが判明した。

この事故の後、福岡市への批判が殺到した。

事故翌日、福岡市のY市長は、2016年夏季オリンピック招致に向けたテレビ生出演のために民放テレビ局のスタジオで市職員が逮捕されたことを知る。市長は絶句し、五輪招致への取り組みを市民にアピールするはずが、一転、謝罪に徹した。

「市民に奉仕すべき立場にあるはずの職員が重大な事故を起こしたということに対し、お詫びいたします」

翌日の27日、市長は被害者の通夜に訪れ、遺族に謝罪をした。亡くなった3児の父親は「私たちの気持ちがわかりますか」と市長に詰め寄り、祖父もまた、「市の職員への教育はどうなっているのか」と怒りを露《あら》わにした。

実は、3週間前に市の水道局職員が飲酒事故を起こし、停職処分にしたばかりだった。

相次ぐ事故をきっかけに、市役所には2000件近い抗議が殺到した。「職員のモラルが低い」「教育はどうなっているのか」といった声が、電話やメールを通じて次々と寄せられるようになった。

おそらく市役所では、仕事が手につかないような事態であっただろう。

こうした批判を受け、福岡市は五輪招致の予定していたイベントを次々に中止した。オリンピック国内招致地の決定は4日後に迫っていた。そして、招致候補地には東京が選ばれることになったのである。

「家」「家族」という加害者の属性に基づき、「お前たちも同罪だ」と加害者の家族を責める傾向が、この場合は「市職員」という属性に向かったのである。

加害者が所属する組織の責任を求めるという事態は、公的な組織であればあるほど強くなる傾向がある。

この事故にはさらに後日談がある。

事故から明日で1年になるという2007年8月24日、再び福岡市職員Iによる飲酒事故が明らかになったのだ。事故は前日23日の夜9時半頃に起きた。出張所市民係の42歳の職員が運転するオートバイが乗用車に衝突。駆けつけた警察によって、その職員が飲酒運転をしていたことがわかった。

この日、Iは市役所で開かれた市民係が集まる会議に出席。夕方6時頃から、近くの居酒屋で開かれた懇親会に参加した帰り道に起きた事故だった。当時の報道によれば、この懇親会では、直前に起きていた北九州市職員の飲酒事故が話題になり、くれぐれも飲酒運転は行わないようにという話が出ていたという。

市長(1年前とは別人)は緊急会見を開いて謝罪した。しかし世間の怒りは収まらず、市役所には1日で120件を超える抗議が殺到した。

## 鳥インフルエンザ——農場経営者の悲劇

2004年3月8日の朝、兵庫県姫路市で養鶏場を営むA農産で、経営者夫妻が自殺した。木にロープをつるして首をくくっていた。会長のAは67歳、妻は64歳だった。同日の神戸新聞の報道によれば、自宅の台所からは、「大変御めいわくをかけました」などと書かれ、末尾にAの苗字を丸で囲んだ遺書のようなものが見つかった。

A会長夫妻が自殺に至る経緯は、加害者家族が事件後に直面していく厳しい現実に重なる。それはA会長の置かれた立場が、加害者家族に似ているからだ。A会長は直接、何かの加害行為を行ったわけではなく、むしろ不作為によって被害を引き起こした非行少年の親の立場に似ている。

A農産は、2007年には兵庫県内の養鶏業で売上高が首位を誇る会社だった。採卵用の鶏を飼育し、肥料用の鶏を扱い、京都府に1カ所、兵庫県に3カ所、岡山県に1カ所の養鶏場を運営し、あわせて175万羽を飼育していた。

ところが2月27日に、匿名の電話による通報が京都府の保健所に入る。通報を受けて保健所がA農産の養鶏場に立ち入り検査をしたところ、鶏たちがインフルエンザに感染していることが判明した。さらに、鶏の出荷先や近隣の養鶏場での感染も発覚。A農産の養鶏場が感染源として疑われた。

A農産は世間から厳しい非難を浴びることになる。鳥インフルエンザによる鶏の大量死という深刻な事態をなぜ見過ごしたのか、なぜ行政への通報が遅れたのかと責められた。

大量死の発覚直後の3月2日、A会長は記者会見で大勢の報道陣を前に口を開いた。「昔から腸炎による似たような鶏の大量死はあったので、まさかインフルエンザではないと思っていた」という受け答えをするが、鳥インフルエンザ感染に気づいていたのではないかという指摘もなされ、この会見におけるA会長の発言そのものが「無責任だ」として更なる批判を浴びることになった。

神戸新聞によれば、A会長は国内の業界団体の幹部を務めていたが、非難の集中砲火を浴びる中、役員解任を通知されていた。また、地元兵庫県の業界組織のトップにも就いていたが、自ら退いていた。

その頃、京都府警は、行政への通報をしなかった家畜伝染病予防法違反の疑いで、A農産の幹部や社員に対する事情聴取を始めようとした。

自殺前日の3月7日の夕方、A会長は弁護士や社長を務める長男らと共に、再度の記者会見を開いた。1時間半にわたって記者からの質問に答え続け、事態への説明を試みようとした。

そしてその翌日に、夫婦で首をつった姿で発見されるのである。

なぜA会長たちが鳥インフルエンザの深刻さに思い至らなかったのか、なぜ行政への通報が遅れたのか、他の業者でも起きたかもしれないそうした事態に対する原因究明は行われることなく、A会長夫妻の自殺を受けて社会からの非難は収まることになる。残された長男の社長に対しては執行猶予付きの懲役が言い渡され、A農産は自己破産を申請する。

事柄の深刻さを見誤り、社会を混乱に陥れたA会長の過ちは、決して許されることではない。しかし、糾弾し自殺にまで追い込んでも、原因の解明や再発防止につながることはない。

### 犯罪加害者家族に対する初めての全国調査

2010年4月5日、犯罪加害者の家族に関する全国調査が公表された。加害者家族についての全国調査は初めてのものだと思われる。

仙台青葉学院短期大学の精神看護学科・高橋聡美講師と、仙台を拠点にして加害者家族への支援に乗り出している市民団体ワールドオープンハートの阿部恭子代表が中心となった研究班が行った調査だ。

調査票を配布したのは、およそ150の家族。回答を寄せたのは37家族だった。いずれも家族の一員が殺人や窃盗などの罪を犯したという人たちである。回答率が低いのは、「加害者側の人間に発言する権利はあるのか」と疑問を感じているからではないかと阿部は考えている。

以下、「困りごと」として加害者家族が上げたものを、多い順に並べる。

1　事件について安心して話せる人がいなくなった　67％
2　被害者や遺族への対応に悩んだ　63％
3　新聞等で報道されたことにショックを受けた　58％
3　刑事手続きについてわからず不安だった　58％
5　警察や検察庁での事情聴取が苦痛だった　57％

その他、本書で触れてきたような社会的な制裁に関わるものについては、「人目が気になり外出ができなくなった」が52％、「嫌がらせや脅迫などを受けた」が38％となっている。それぞれの割合が若干少ないように感じるが、回答を寄せたのは本書でこれまで触れてきたような重大事件の加害者家族は少なく、大半が軽微な犯罪だったからだと思われる。

自由記述の欄で、「自殺未遂をした」「自殺を考えた」と書いた人もいて、前述したような実際に自殺してしまった加害者家族の他にも、自殺予備軍が少なくないことが明らかになった。

精神状態を「うつ尺度」と呼ばれるアンケートなどの手法を使用して分析したところ、うつ状態にある人は34％に上った。被害を与えたのが人であった「他害」とよばれる場合に、うつ状態に陥りやすいことも判明した。

この調査結果について、代表である阿部は、「加害者家族は孤立しがちである」ことが改めてわかったとしている。こうした「困りごと」について、事件を契機に相談できる相手がいなくなってしまった加害者家族が非常に多いのである。

この調査研究は、警察庁が管轄する社会安全研究財団が2009年度に研究費を助成して行われた。この財団は市民の安全のために必要な施策を研究するために、毎年さまざまな調査に助成を行っている。財団に提出した研究概要の中で高橋はこう書いている。

「わが国において、犯罪加害者の家族に対するサポートの必要性の社会的認識はいまだなく、加害者家族の抱えるさまざまな課題は放置されているのが現状である」

## 「家族内殺人」の惨事

今回の取材を通じて、ある一人の女性から「加害者家族」が立たされる中でも、最も難しいであろう状況についての話を聞くことができた。

その女性は「自分は被害者の家族でもあり加害者の家族でもある」と語った。女性の身内が別の身内に危害を加えたのだった。女性は誰にも話せない苦しみをどうにかしたいと、犯罪被害者の団体にも連絡をとったが、「会には参加させてもらえなかった」という。

実は、こうした家族内に被害者と加害者がいるというケースは殺人事件の大半を占めている。最近、無差別殺人や猟奇的な事件が社会を騒がせるため、そうした事件が多いように感じられるかもしれないが、実際のところ、殺人事件のうち最も多いのは、40％前後を占める「家族内殺人」である。父母、配偶者、兄弟、子どもが被害者となるケースが大半なのだ。傷害致死の場合も、およそ40％が家族内に加害者・被害者がいる。

龍谷大学の浜井幸一教授は、「日本において家族殺人は、全体の4割を占める、伝統的な殺人の形態である」としている。

2010年4月23日、東京地裁で殺人罪に問われていた67歳の母親に、懲役3年、執行猶予5年の判決が下された。この女性は前年7月25日に、長男を殺害していた。

2009年7月15日、金銭トラブルに巻き込まれていた長男が自殺を図り、未遂に終わった。

生命維持装置につながれたまま、意識回復の見込みがほとんどない状態に陥ってしまったのが悲劇の始まりだった。

長男には妻と中学生の2人の子どもがいた。妻には高額の医療費が重くのしかかった。自殺未遂で保険が適用されず、およそ10日間の入院で350万円もの入院費が発生した。1日に必要な費用は約30万円。妻は「積極的な治療はやめて欲しい。私が呼吸装置を外す」と医師に訴えたが、受け入れられなかった。

そんな窮状を見かねたのが、長男の母親だった。東京新聞の報道によれば、母親は妻の背中をさすり「私が全力で支えるから」と励ましながら、「これ以上、妻を苦しめるわけにはいかない」と考えたという。

そして7月25日。母親は日記に「母だからね、産んだ責任」と記し、病院のベッドで動かない長男を包丁で刺し殺した。残されたのは妻とその子どもたちである。

「これ以上、妻を苦しめるわけにはいかない」

そう考えて犯行に及んだ母親だが、妻にもたらされたものは、それ以上の苦しみだった。

妻は加害者の家族(=義理の娘)でありながら、被害者の家族(=妻)となってしまった。公判で証言に立った妻は、「義母がやらなければ私がやっていた」と証言した。思いとどまったのは、自分が殺して逮捕されることになれば2人の子どもが父親と母親を一度に失ってしま

う と考えたからだ、と明かした。加害者の家族でありながら、被害者の家族でもあるという十字架はあまりに重い。妻は次のようにも証言した。

「義母はどんなに辛い思いをしたのでしょうか。義母を自由にしてあげて欲しい、夫もそれを望んでいるはずです」

逮捕後、15キロも体重が減った義母を見て、妻は公判の証言中に涙を流していたという。

# 第三章　インターネットの暴走

## 子猫虐待事件①ネットの脅威

急速に普及してきたインターネットが、加害者家族を追い詰めていく要因の一つとなっている。その破壊力は「ネットの中だけのことだから無視していればいい」というレベルをはるかに超えている。

次に紹介するのは九州工業大学・佐藤直樹教授が指摘している、「子猫虐待事件」をめぐる顚末である。インターネットによる制裁がマスコミ、現実世界へと波及していった典型的な事例である。

事件は2002年5月6日深夜から翌日未明にかけて起きた。20代の男が福岡市内の自分のアパートの一室で、拾ってきた子猫の耳やしっぽを切り落とし、紐を使って首を絞めたりしていたぶりながら殺していた。しかも、その一部始終を写真に撮ってインターネットの掲示板に掲載したのが始まりだった。

その掲示板を見た人が警察に通報。福岡県警が男を取り調べ、5月22日に福岡地方検察庁に書類送検した。

ここまではインターネット上で確認された悪質な動物愛護法違反を、第三者が通報したことで男が書類送検されるという、極めて普通の流れと考えてよい。

だが、事態はその後、大きく動いていく。男の書類送検が新聞で報道されると、「書類送検だけでは処分が甘すぎる」といった声がインターネット上でまたたく間に広まり、男を糾弾する動きが始まるのである。

署名用紙や嘆願書のフォーマットが作られ、インターネット上で誰もがアクセスできるように公開されるなど、男を検察庁に起訴させるための署名運動が起こった。「掲示板への書き込みは、一日平均2500〜3000件にも上った」という。インターネット上の声が現実社会を動かすほどの力を持つようになっていた。

インターネット上の盛り上がりに呼応するかのように、テレビのワイドショーでも男の動物虐待の残忍さなどが大きく取り上げられ、全国的に注目が集まるようになった。

そして事件発覚から3カ月後、福岡地検は男の逮捕・起訴に踏み切った。

佐藤教授は、福岡地検が男を逮捕・起訴したことを異例だと論評した毎日新聞の記事（2002年8月8日）を引用している。

「同地検には男に厳罰を求める署名簿や電話などが全国から一日に数十件も寄せられた。動物虐待は書類送検・略式起訴・罰金刑の処分になるケースがほとんどだが、〝極めて残虐で社会への影響も大きい〟として逮捕・起訴に踏み切った」

2002年10月21日、福岡地裁は男に対して、懲役6カ月執行猶予3年という判決を下した。毎日新聞はその日の夕刊で続報を掲載している。それによると、公判中、傍聴人の一人の女性が猫の「遺影」を持ち込もうとしたところ、裁判所が認めなかった。すると女性の周囲から、裁判所の対応を非難する声が巻き起こった。さらに裁判所の建物の前では、「有罪」と書いた垂れ幕を掲げる人もいたという。

## 子猫虐待事件②個人情報の流出

男に対する厳罰を求める運動とは別に、男やその家族に対する「村八分」も行われた。インターネット上では、動物虐待を行った男の現住所や顔写真が公開された。福岡県警が男の実名を発表していない段階で、インターネットには男の学歴や趣味、性格など真偽不明の情報も含め個人情報が次々と暴露されていった。

教育関係者だった父親も攻撃の対象となった。父親の本名、中国地方にある自宅の住所、電話番号、さらに勤務先名、その連絡先までインターネット上に暴露されたのだ。

毎日新聞は、「父親の自宅には夜中に2〜3分おきに電話がかかったり、周辺で中傷ビラがはられた」と報じている。

父親の勤務先である学校にも抗議が殺到した。

インターネットの掲示板には、「いま学校に電話したよ。父親が電話口に出てきて話をした」といった記述もある。電話口での父親の応対の様子が詳しく書き込まれ、その文面を読んだ別の人間が、さらに父親への非難の言葉を書きつらねるという流れができていった。

筆者は父親の自宅があった地域を歩いたが、互いに顔を見知った者同士が住み続けてきたような中国地方の小さな田舎町だった。

そこで暮らす中年の主婦に話を聞いたところ、当時、「教育関係者なのに父親としてどんなつもりなんだ」という趣旨の電話が学校に次々とかかっていたという。地元の保護者からの抗議電話もあったが、直接は関係のない第三者や匿名の人物からの嫌がらせに近い電話も少なくなかった。

自宅付近を訪ねると、普段はほとんど人通りがない入り組んだ路地が続いていた。見知らぬ人はほとんど立ち入らないような路地だが、当時はマスコミや見物客でごったがえしていたという。主婦は思い出すのも嫌そうだった。その頃地元を覆っていた不気味な空気を「圧力」という言葉で表現した。ひっきりなしになる電話によって父親の職場は混乱に陥ったが、主婦によれば、父親本人ではなく直属の上司がその責任をとる形で職場を変わることになったという。

こうした社会的制裁は、福岡地裁における公判でも言及された。

毎日新聞によれば、判決の日、裁判官は「模倣犯を生み出すかもしれないなど社会への悪影響が大きい」と男に厳しく接する一方で、「ネット上で家族までプライバシーを公にされ、行き過ぎた制裁を受けた」と男の側の事情にも触れたという。

判決について報じた記事は、社会的制裁によって追い詰められた男の様子を描写しながら、こう結ばれている。

「〝いま、社会への恐れが支配している〟と法廷で語った男は、判決にも青白い顔で無表情だった」

筆者が地元を訪れたのは事件発生から8年後だった。父親たちはすでに別の土地に移り住んでおり、自宅があった場所には、事件とは無関係な別の家族が暮らしていた。

## 神戸連続児童殺傷事件――ネット暴走の始まり

インターネットで加害者やその家族が攻撃されるようになったのは、1997年の神戸連続児童殺傷事件の頃からだといわれている。

この事件では加害少年の逮捕前から、インターネットの情報が注目されていた。犯行声明に書かれた名前「酒」「鬼」「薔薇」といった文字が画面一面に並んだホームページが存在していると噂されたのである。いずれも赤い字だったと目撃者は証言し、事件と関係があるのではないかと思われたが、結局、捜査本部はそのホームページの存在を確認できなかったと当時の産経新聞は報じている。

1990年代後半は、インターネットがまだいまのようには普及していなかった。記事を書いた産経新聞の記者は、いまなら常識の「プロバイダー」という言葉の意味を知るところから取材を始めている。そうしたインターネットの黎明《れいめい》期に、早くも加害者やその家族への攻撃が行われていたのである。

加害者の少年が逮捕されると、少年や父親などの家族に関する情報がインターネット上で飛び交った。中には父親の勤務先の同僚という人物による書き込みもあり、そこに書かれた会社名は正確だった。

事件取材の一部始終をまとめた『命の重さ取材して――神戸・児童連続殺傷事件』（産経新聞ニュースサービス）には、少年の家族に関する未確認情報がインターネット上で見つかるたびに、記者たちが関係取材先を訪ね、真偽を確認して回る姿が詳細に記されている。取材班は、犯罪報道の場で存在感を現し始めたインターネットに振り回されていた。

少年の家族と同姓の家の電話番号を一覧にして掲載したホームページもあった。このページをもとにしたのか、事件とはまったく関係ない同姓の家に、いたずら電話や無言電話が次々とかかるようになった。「少年のインターネット上での情報が二次被害を生んだ。どのページも表現の自由を訴えて堂々と掲載しており、中には名前や写真を隠すマスコミへの辛らつな批判も書かれていた」と産経新聞取材班は記している。

第二章で触れた週刊誌による写真入りの実名報道も、インターネットへと波及している。週刊誌からデータを取り込んだと思われる写真が、インターネットの掲示板やホームページで次々と掲載され、アクセスが殺到した。やりすぎではないかといった書き込みもあり、批判を受けてこうした顔写真はいったん削除されるが、すぐにまた復活していった。その経過を見守っていた産経新聞の記者は「遊んでしまっている」と感想を漏らしている。

一方、顔写真を掲載した出版社に対して、「販売中止」を申し入れた兵庫県弁護士会にも批判が殺到した。ほとんどが匿名の嫌がらせや抗議の電話だった。弁護団の一員である弁護士の自宅にまで嫌がらせの電話がかかったという。

加害者家族やその周辺の人たちの個人情報を暴き出し、攻撃するというインターネットによる「糾弾」の手法は、この事件のときにすでに確立していたのである。

２００７年3月26日、それまで行方不明だった22歳の英会話学校の英国籍女性講師の死体が千葉県在住の28歳の男Ｉのマンションで見つかった。男Ｉは部屋の前でその場にいた捜査員と遭遇すると、走って逃走。捜査員を振り切って、そのまま行方をくらました。翌27日には千葉県警が全国に指名手配を行った。

Ｉ容疑者の逃走が始まるとともに、インターネット上では両親に対する攻撃が始まった。医療関係者だった両親のフルネーム、自宅の住所、電話番号。さらに、父親と母親それぞれの勤め先の病院名、担当科、肩書き、電話番号などが書き込まれた。中には病院の外観の写真まで掲載するサイトが現れた。

掲示板や個人のブログでは、「両親がＩに逃走資金を渡している」とか「両親は裕福だから、被害者の女性の両親に巨額の慰謝料を払って事件をうやむやにしようとしている」などといった出所不明の情報が乱れ飛んだ。両親が医者であるという「高学歴」「高収入」のイメージが攻撃を増幅させたように思われる。

こうしたサイトの中には、その後、父親が勤務先だった地域中核病院の要職を辞めたこと、母親も勤めていたクリニックを辞めたことを勝ち誇ったように書き連ねているものも見られる。

1年半後の２００９年11月4日には、逃走中のＩ容疑者が名古屋市で顔の整形手術を行っていたことが判明。翌日には整形手術後の顔写真が公開されることになった。

そして11月10日、大阪・南港のフェリー乗り場にいたI容疑者は、大阪府警によって身柄を拘束され、指紋照合などが行われて逮捕された。

大阪から東京へと新幹線で移送される際、I容疑者を撮影しようと追い回す報道陣の数はもの凄かった。東京駅が、大量の報道陣と、Iを一目見ようという一般の人たちとで、溢《あふ》れかえっていた。それは、この事件の世間的な関心の高さを物語るのに象徴的な場面だった。

世間の注目が集まる中、逮捕当日の夜、容疑者の両親が報道陣の前に姿を現し、記者会見に応じた。しかも、顔にモザイクをかけずに素顔をさらす、いわゆる「顔出し」だった。「顔出し」でインタビューに応じるにあたっては、両親にそれ相応の覚悟があったはずだ。親としての責任を感じての決断だと思われる。この「顔出し」会見の様子は、テレビ各局が夜のニュースで報じた。

だが、謝罪の言葉などを口にした両親に対して、社会の受け止め方は厳しかった。「言葉が軽かった」「息子のことを突き放していて、親なのに他人事《ひとごと》のようだった」「発言内容は理路整然としていて正しいのかもしれないが、申し訳ないという感情が伝わってこない。役人みたいだ」などとテレビを中心に識者や関係者が次々と非難した。

翌日の11日にも両親は会見に応じるのだが、前日とは打って変わって顔は写されず、声も変えられて放送された。

一晩の間にバッシングの嵐が巻き起こり、両親は「顔出し」ができない状況に追い込まれてしまったのだ。前日10日の顔出し会見映像も、今後はモザイクがなければ放送や掲載ができないものになってしまった。夕刊紙によれば、母親は「恐ろしい。これから生きていけるかもわからない」とコメントしたという。

しかし、インターネットはこうした報道各社の対応とは一線を画した世界である。

この10日の顔出し会見の際の報道写真を、モザイクなしで掲載し続けているサイトがある。両親の素顔が大写しにされ、いまなお流通しているのだ。ネット特有の目を覆いたくなるような文字の羅列の中に、報道陣のフラッシュに照らされてうつむき加減に写っている両親の写真が掲載され、その暴露的な扱いに胸が悪くなるほどだった。

今回の取材にあたり、2010年の1月から2月にかけて、加害者家族の置かれた状況について取材をしたいという手紙を両親に何度か送ったが、返事は来なかった。自宅へも電話をしたが、何度か呼び出し音が鳴ったあと留守番電話に切り替わるだけだった。

## 加害者家族の服装に非難が殺到

加害者家族が報道陣の取材に応じた際の「服装」が問題となったこともある。

2008年3月25日の深夜、JR岡山駅で帰宅途中の38歳の男性が線路に転落し、やってきた普通電車にはねられた。現場の近くにいた18歳の少年が男性を突き落としたことを認めたため、駆けつけた鉄道警察隊の隊員によって殺人未遂の現行犯で逮捕された。翌朝、突き落とされた男性が亡くなったため、容疑は殺人に切り替えられた。

取り調べに対して容疑者の少年は、「人を殺せば刑務所に行ける。相手は誰でもよかった」と供述した。刃渡り12センチの果物ナイフも所持していた。この事件の2日前にも、茨城県で8人が無差別に殺傷される事件が起きており、若者によって繰り返される「理由なき殺人」に社会は騒然となった。

翌日の26日、少年の父親が記者たちを前に謝罪をした。少年が卒業した高校から連絡を受け、自宅があった大阪から岡山に駆けつけての会見だった。

「被害者にご迷惑をかけてすいません。こんな子を育てて申し訳ない」

父親は何度も頭を下げた。

「自分は親として最低だと思う。責任をとらなければならない」「どうやって償ったらいいのか。本当に申し訳ないことをした」などと時折声を詰まらせ、顔を手で覆って泣きながらの発言が続いた。

阪神・淡路大震災で家を失い、少年は転校先でいじめに遭っていたことなどが父親の口から語られた。家庭の経済的な事情で大学進学を断念した少年が、就職先が決まらないことから自暴自棄になって犯行に及んだという報道もされた。

息子が起こした事件に戸惑いながらも、必死に謝罪の意を表そうとする父親の姿は、テレビを通じて日本全国に流され、当初は「あの父親の子どもが殺人事件を犯すなんて」「本当に責任を感じているようだった」という同情的な声が寄せられた。

しかし、父親の発言内容とは別の「服装」に関する非難がインターネットで持ち上がった。父親は謝罪会見の際、紺のジャンパーにジーパン、足下は運動靴を履いていた。そのことに「非常識だ」「小汚い格好だった」などという声が集中したのである。インターネットの掲示板や個人のブログ、ソーシャル・ネットワークなどを通じて父親を責める意見が相次ぐようになった。

だが、仮にジーパンからスーツに着替えるべきだったとしても、大阪から駆けつけた父親に着替えるだけの時間的余裕があったのか。その点は議論にもならなかった。

辺見庸は『愛と痛み——死刑をめぐって』（毎日新聞社）で、父親が申し開きをしなければならない現状を深く憂えている。「これは誰がさせていることなのか。世間の声を受けたマスコミが家族にやらせている。世間に強いられて家族がやらされている。これはこの国に特有な現象です。……私は危惧を禁じえません」

## 古書店店長が直面した異常な「世間」

インターネットを中心にした匿名の社会が作り出す「世間」の空気が、どのようにして現実社会を動かしていくのか、佐藤直樹教授からひとつの例を教えられた。

2003年1月21日、神奈川県川崎市にある古書店で万引きをした15歳の男子生徒が、犯行を目撃されて逃亡した際、線路に立ち入り電車にはねられ、死亡するという事件が起きた。男子生徒がマンガ6冊を上着に隠して持ち出そうとしたところを店長が防犯カメラで発見し、呼び止めて問いただした。男子生徒は名前や学校名などをなかなか明かさなかったため、店長は警察に通報した。かけつけた警察官が任意同行を求めたところ男子生徒が逃亡し、事件が起きたという。

事件の3日後くらいから、この店長のもとに「人殺し」という抗議が寄せられ、店長はいったん店を閉めることを決意。店頭には謝罪文を張り出した。

2月1日の毎日新聞は、店長の記者会見の言葉を掲載している。店長は、店頭に直接やってきた人から「人殺し」という言葉を浴びせられたり、電話による抗議も受けたりしていた。全部で20件前後だった。電話は声からの印象だと30歳代から40歳代、名前を名乗った人は一人もいなかったという。

店長は、「こうすれば男子生徒の死は避けられたのではないか」と指摘されれば否定のしようもないと感じ、「端的に〝人殺し〟という表現もあって、精神的につらくなった。自分の考えと違う意見を持っている方が多くいるのもわかり、苦渋の決断だが、閉店するのが皆さん納得する形ではないか」と閉店を決意したいきさつを説明した。

この店長は、犯罪の加害者やその家族ではないが、「少年を死に追い込んだ」として、それと同じような境遇に追い込まれてしまった。

しかし、閉店の意向が明らかになると、今度はインターネットを通じて、まったく逆方向の動きが起こることになる。

店長への攻撃から一転、1000件を超える激励が寄せられることになったのだ。古書店のフランチャイズ本部には、わずか1、2日の間に「店を閉める必要はない」といったメールが800通も届き、それ以外にも電話などが200件以上あった。男性店長は再び記者会見を開き、一度決めた閉店だが、今後本当に閉店するかどうかは様子を見て判断すると伝えた。

こうした激励のメールは、ある掲示板で「店長がかわいそうだ、救おう」という呼びかけがきっかけとなって広まったと言われている。

佐藤教授は、閉店の撤回を表明した会見で、店長が匿名を条件に会見を開き、自分の顔の撮影を断った事実に注目している。匿名の人間たちが作り出す「世間」の非難から自分の身を守るためには、自分も匿名でなければならないのだ。店長が顔を出し、名前のある一個人として意見を表明してしまえば新たな非難を浴びかねず、匿名のままでしか会見を開くことができない。それが匿名の人たちが構成する「世間」からの圧力なのだと指摘する。

非難から激励へと急展開した社会の風潮は、再び非難へと逆行するかもしれない。加害者家族はそんな「世間」に直面するのである。

## 2ちゃんねるの「神」たち

加害者家族を攻撃するインターネットの世界で最も人口に膾炙《かいしゃ》しているのが、世界最大の掲示板とも言われる「2ちゃんねる」である。

ありとあらゆるテーマについての掲示板があり、日々刻々と膨大な書き込みが行われている。これまで本書で挙げた事件についても、個別に「○×事件」としてテーマが設定されているものが多い。実際に閲覧すると、個人情報が公開されたままになっているものが少なくない。

参考までに2ちゃんねるに書き込みをする人たちが使っている独自の用語を解説してみた。インターネット上に流通する「同人用語の基礎知識」「2典ｐｌｕｓ」などをもとにして、筆者が若干の分析を加えたものである。

**神**《かみ》……最高の賞賛表現の一つ。違法であったり道徳的に問題があったりするような行為を躊躇《ちゆう》躇《ちょ》することなく行う人に対して使われることが多い。誰もわからなかったような個人情報を入手した人物を称《たた》える場合に使われることもある。

**祭《まつ》り**……現在進行のイベント、事件などについて特定のスレッドで盛り上がること。新たに明らかになった個人情報や事実が、更なる情報を引き出しエスカレートし、攻撃が激しさを増していく。

**加速**……「祭り」の状態になり、書き込みが殺到し、もの凄い勢いで掲示板が更新されていくこと。

**燃料**……本来の意図にかかわらず、スレッドを盛り上げてくれる話題のこと。掲示板に書き込まれる加害者家族の個人情報などが、攻撃を加速させる「燃料」にあたる。「燃料投下」という使い方をする。

**スネーク**……「潜入工作員」の意味。特定の団体や個人に関係する場所に出没し、写真を撮ったり情報取材をしたりして掲示板に書き込んでいく人たちのこと。ある個人が住んでいる場所や勤務先を解析し、「スネーク」が現場に乗り込むのだ。最も恐ろしいのは、次の項目にある「電凸」とともにこの「スネーク」だとしている。

**電凸《でんとつ》**……関係者に電話をかけて抗議をしたり、情報確認をしたりする行為のこと。メールを使う場合は、「メル凸《とつ》」となる。彼らは、通常でも何か事件が起きればマスコミも同じように関係者への突撃取材をするため、個人がこうした行為を行ったとしてもマスコミが批判できる立場にはないはずだと主張している。

**うっかり**……関係先でチラシやビラなどを配布すること。ビラの配布は許可が必要なため、建前上「うっかりおいてきてしまった」という体裁をとるため、こうした呼び名になったという。

## 人権擁護局のデータからわかること

インターネットを使った攻撃が加速している。

法務省人権擁護局の発表によると、平成21年に起きたインターネットを利用した人権侵犯（侵害）事案は、786件に上る。前の年に比べ、52・6％という大幅な増加を記録している。

その主な内訳は、名誉毀損に関する事案が295件、プライバシー侵害に関する事案が391件。インターネットによる人権侵犯事案の総数は次のように毎年増え続けている。

平成17年　272件
平成18年　282件
平成19年　418件
平成20年　515件
平成21年　786件

インターネットに対する監視を強めた結果、問題事案が次々と明らかになり件数が増えたという面はあるかもしれないが、急増していることには間違いない。

人権擁護局が新たに救済手続きを始めた総数は2万1218件に上るが、前の年に比べて0・9%減少している。その増加率に比べて、インターネットを利用した人権侵犯の事案は明らかに急増している。

人権擁護局が救済手続きを始めたプライバシーに関する事案は、平成21年には1869件で、前の年に比べて14・9%増加しているが、その中でもインターネットによるものは、前の年の

460件からその倍近い746件にまで急増している。

しかもこの件数は、インターネットを利用して特定の個人を誹謗中傷したり、プライバシーを侵害したりするような情報を流すというものだけだ。インターネットを利用した不当な差別的言動や差別助長行為は含まれていないという。

人権擁護局のホームページから、平成18年の人権侵犯事案についての特徴を抽出した記述を見ると、インターネットについてまったく言及されていない。インターネットへの言及は翌19年になって初めて登場するなど、近年急速に拡大してきた問題なのである。

平成19年6月、内閣府が人権擁護に関する世論調査を行っている。

それによると、インターネットの問題点として最も多いのが、53・7%の人が上げた「出会い系サイトなど犯罪を誘発する場となっていること」だったが、以下「他人を誹謗中傷する表現を掲載すること」(52・8%)、「捜査の対象となっている未成年者の実名や顔写真を掲載すること」(40・9%)と続いている。

不特定多数が匿名のまま書き込みができるインターネットが、事態を急速に悪化させているのである。

## 個人攻撃に対する最高裁の判決

インターネット上の自分のホームページやブログに何を書いてもいいという安易な考えでいると、刑事責任を問われかねない。

2010年3月16日、最高裁第一小法廷で、個人によるインターネットへの書き込みについて注目すべき一つの判決がなされた。影響力のある専門家やマスコミと同じように、一個人による書き込みであっても名誉毀損罪が問われることになるというものだ。

この裁判では、38歳の男性会社員が自分のホームページに掲載した書き込みが問題となっていた。男性会社員は、2002年10月頃、ラーメンのチェーン店を展開する都内の企業に対して、ある宗教団体と関係しているという虚偽の記述をしたという名誉毀損罪に問われていた。

一審の東京地裁では「無罪」の判決が出ていた。

マスコミや専門家が新聞や雑誌などの紙媒体を通じて発信した情報に比べて、個人のインターネット上の書き込みは一般的に信頼性が低いと考えられている上に、インターネットは互いに反論しやすい環境であるというのが無罪判決にいたった主な理由だった。インターネット上の個人による書き込みについて、名誉毀損罪が成立する基準をいわば「緩く」判断したのである。

二審の東京高裁では一転、有罪の判決となった。罰金30万円だったが、被告の男性会社員が上告し、判断は最高裁判所に持ち込まれることになった。

最高裁は、インターネットを見る人が個人のホームページの情報を信頼性が低いとは必ずしも考えないのではないかと判断した。また、インターネット上で反論をしても、名誉回復ができるかどうかわからないとした。さらに、短い時間の内に不特定多数の人が閲覧してしまう可能性があるため、被害が広がりやすいというインターネットの特徴も判断の材料となった。書き込みをした男性に対して、本来は関係者に事実確認をすべきだったが、そうした努力をしていないとも指摘している。

これまで印刷物や演説などについて刑法が規定してきた名誉毀損罪では、情報発信の内容に公共性があって真実であれば、罪に問われることはない。逆に明らかな虚偽の情報を発信すれば、名誉毀損の罪に問われることになる。虚偽だと知らずに事実だと確信して、その情報を発信したという場合には、事実と確信するに足りるだけの相当な根拠などがあれば名誉毀損罪とはならない。

この最高裁の判断によって、今後は個人のインターネット上への書き込みについても、従来の印刷物などと同じ基準が当てはめられることになる。虚偽の情報と知りながらインターネットに書き込んだり、不確実なまま故意に発信したりした場合には、刑事責任を問われることになるのだ。

最高裁の判断が出た翌日（3月17日）の朝日新聞は、この問題を一面で大きく取り上げた。

そして、たとえインターネット上の個人のホームページなどであったとしても「情報を発信する以上は、相応の責任を負うべきだ」という考え方が背景にあると解説している。

この判決は加害者家族の名誉毀損に直接関係するものではない。だが、加害者家族が直面するインターネット上の書き込みに関して、どのように考えていけばよいのか、その法的な根拠となるだろう。

# 第四章　加害者家族をとりまく社会

## 責任逃れをする親たち

さまざまな加害者家族がたどる顚末を見てきたが、事件後に直面する現実は、ケースごとに違っている。

最も大きな違いの要因は、加害者が大人か未成年かというものだ。一般的に未成年が起こした事件の場合、その親は大人が犯した事件における配偶者や子どもと比べて、大きな責任を問われることになる。

少年事件の場合、被害者も世間の人々も、加害者の親を容赦なく非難する。親は子どもの教育に責任があると考えるからだ。

「親はどんな育て方をしていたのか」「子どもがこんな事件を起こす前に気がつかなかったのは、親の責任だ」といった批判は第二章で見てきた。

少年事件の専門家でもある石井小夜子弁護士は『少年犯罪と向きあう』（岩波新書）の中で次

のように述べている。「子どもの成長に直接責任をもつのが親であるから、親に対する批判も、一定程度は不当といえるものではないだろう。わたしも、〝どうして親が守れなかったのか〟という意味においてであるが、親に対して批判の目を向けてしまうことがある」。石井弁護士は親に対する批判をするよりも、親の苦しみに共感をしながら冷静に事件の要因を探り、どうしたら改善できるかを考えていくことを基本にすべきだと考えているが、それでもときには批判の目を向けてしまうことがあるというのだ。

ただ、非難されても仕方がないような親が少なくないことも事実だ。自分の子どもが犯した罪に対して向き合おうとしないのだ。

「うちの子どもがそんなことをするはずはない」

「うちの子どもは悪い仲間に巻き込まれたり、そそのかされたりしただけだ」

こうした言い訳をして、被害者に対して誠意ある態度をとらない加害者家族が存在し、その態度が被害者の怒りを増幅させていく。本書でも、被害者の名前すら正確に思い出すことのできなかった親の告白についてすでに触れた。他にも、被害者側からの損害賠償に応じることを命じた判決を受けていて、経済的には何ら問題がないにもかかわらず、ほとんど支払いをしないケースもある。

さらに、親が子どもの犯罪の「隠蔽工作」を行うケースもある。

ジャーナリストの日垣隆は、『少年リンチ殺人――ムカついたから、やっただけ』（新潮文庫）で集団リンチ殺人を犯した少年たちの親たちが口裏を合わせ、子どもたちに真実を語らせないように働きかけていた様子を取材によって暴き出している。親たちは、取材を進める日垣から自分の子どもが行った凄惨なリンチの状況を教えられるまで何の事実も知らず、また知ろうともしていなかった。

少年事件の場合は、加害者の実名は公表されず、少年院などで一定の期間を過ごせば社会に復帰できる。そのため善悪は別として、子どもをできるだけ傷つけたくないと思ってしまうのが「親心」なのだろう。

だが、事実から目をそむけたがる親たちに対して、被害者や世間が非難を強めていくのは当然といえる。

## 「大半は親に責任がある」

23年間、警察官として数多くの少年犯罪に接してきたジャーナリストの黒木昭雄は、『栃木リンチ殺人事件――警察はなぜ動かなかったのか』（草思社）でこう書いている。

「未成年者の犯罪の大部分には親に責任がある」

マスコミは母子家庭、親の離婚といったキーワードを並べ、家庭環境を犯罪の背景として説明したがるが、母子家庭の子どもが全員、犯罪に走るわけではない。「大切なのは家庭のカタチではなく、親と子の関係にある」という。

親が子どものことを信じるのは当たり前だが、それは「親と子」の関係において成り立つものであって、家の外にまで持ち出してはいけない論理である。「罪を犯した少年少女の親は、まるで判で押したように、ウチの子に限ってという顔をする。冗談のようだがほんとうの話だ」。

この本の中には、集団リンチ殺人に加わった息子の「言い訳」を信じ、鵜呑《うの》みにする親の姿が詳細に記されている。

息子の机の上にあったサラ金からの借用証に100万円という金額が記されていたのに驚いた母親は、息子を問いただす。すると息子は言葉を詰まらせ、いったん家を飛び出し、再び戻ってきたときには、後に殺害されることになる少年Sを連れた加害少年のグループと共に現れる。そして、少年Sに、「僕の友だちのクルマで物損事故を起こしてしまったんです」と言わせ、母親を信じ込ませようとした。母親はその言葉を信用したのか、それ以上の追及はしなかった。

なぜ母親は息子をさらに問いただすことをしなかったのか。黒木はこう書いている。

「誰だって自分の子どもはかわいい。だからこそ、嘘を見抜くのも親の務めではないだろうか」

この集団リンチ殺人事件に途中から関わった少年Tは、事件の直後自宅に帰った際、母親にすべてを打ち明け、自首しようとした。そのとき、母親は「おまえは人殺しをしていないのだから、警察に行くことはない」と言ったという。少年Tも殺害と死体遺棄の現場に居合わせていたことが間違いないにもかかわらず、である。

母親に反対された少年Tだが、結局その反対を押し切って警察に自首し、事件は解決へと動き出した。

さらに黒木は、少年Sの殺害・死体遺棄があった当日の夜に、主犯格である少年Fの両親が、息子とそのガールフレンドと4人で食事をしていたという事実を明らかにしている。

母親はそのとき、息子が横を向いたまま落ち着きがなく、料理にほとんど手をつけない様子だったにもかかわらず、重大な事件の発生を見抜けなかった。息子のおかしな挙動を見て、両親はこう思ったという。「また恐喝でもやっているのではないか」。

この事実に対して、裁判官は次のような趣旨の言及をしている。

「息子が人を殺した直後に、その程度の把握しかできないような親が、『今後は息子を監督し更生させる』などといっても説得力はない」

## 非難と共感の境目

一方で、子どもが罪を犯してしまったことに対して責任逃れをせずに事件と向き合い、反省と後悔の日々を送る親たちもいる。

今回の取材で会ったある加害少年の親Mは、自分の育て方が悪かったために、子どもが事件を起こしたのではないかと思い悩み、罪の意識にさいなまれていた。子どもが再犯をするのではないかという恐怖に駆られてしまい、自分も子どもと一緒に何度も自殺をしようと考えたという。犯罪の中身は、人命に関わるような重大事件ではなく窃盗だったが、この親はそこまで苦悩し、孤立していた。

取材に協力して何かを発言するという行為自体が、被害者のことを考えると赦《ゆる》されるものではないとして、取材を断ってくる親も多かった。子どもが犯した事件はすべて自分たち親の責任であり、育て方に問題があったのではないかと反省を繰り返しているという。

第二章でも触れたように、加害少年の両親たちがいくつかの手記を発表しているが、彼らは「同じような犯罪が繰り返されないよう何かの一助になれば」という理由で執筆を決めたとしている。だが、加害少年の親Mは「そういう発言そのものが偉そうで、自分にはとてもできない」と言い、子どもが事件を犯した経緯やその後について何も語ろうとしなかった。

加害少年の親は、事件に真摯《しんし》に向き合おうとしない限り、被害者からはもちろん、世の中からの非難は強まり続ける。

しかし、親が子どもの犯した罪にどう向き合っているかを、新聞報道などだけから判断するのは容易ではない。報道では内容が一面的であったり、「犯罪者を育てた親」といったイメージが先行したりすることもあるからだ。

一方で、謝罪と反省をしようとする加害者家族の姿は、ほとんどと言ってよいほど報道されることがない。彼らが口にする謝罪や反省といった言葉が、心からのものなのか、裁判対策などを含めた表面的なものなのか、判断が難しいからだ。

また、仮に心からの謝罪であったとしても、そうした加害者家族の報道をしたところで、視聴者や読者からの理解は簡単には得られない。贖罪《しょくざい》の意識にさいなまれる親の姿よりも、「責任逃れ」をする親の姿の方が、世間が作り上げて非難の対象とする「加害者家族」のイメージに合致するからではないだろうか。

日本社会では、子どもが犯した事件の場合に、加害者家族である親に世間の批判が向かいやすい。そして、親がどの程度非難されるかは、そのときの世間の空気が作り出していくことになる。

## 子どもが加害者になるサイン①

我が子がいつか犯罪を犯すのではないかと、不安を持った経験のある親は少なくないだろう。そんな親のための手がかりとなる研究がある。

実際に起きた複数の重大な少年事件を分析し、背景にどのような家庭環境があったのか、前駆的行動にはどのようなものがあったのかなどの実証的な研究が行われ、平成13年に「重大少年事件の実証的研究」として発表されている。家裁調査官や保護観察官、大学教授など16人の専門家が集まり、平成9年から11年にかけて発生した、単独で殺人事件を起こした少年10人、集団で殺人事件または傷害致死事件を起こした少年10人（5事例）、計15事例を分析した結果である。

その結果、単独殺人の事例分析からは、3つのタイプが浮かび上がってきた。

①幼少期から問題行動を頻発していたタイプ
②表面上は問題を感じさせることのなかったタイプ
③思春期になって大きな挫折を体験したタイプ

まずは、①のタイプから見ていこう。

このタイプは、幼いときに両親から虐待を受けていたり、育児ストレスを抱える不安定な母親に育てられている傾向があった。母親が「産まなければよかった」と本人に言っていたケースもあったという。

そして、小学校に入学する前後から、お菓子を盗み食いしたり、親の財布から無断で金を持ち出してゲームソフトを買うといった問題行動を繰り返すようになる。これは周囲の関心を引こうとする行動で、親の愛情に飢えていることの表れだという。親がそのことに気がついて対処すれば、解決するレベルなのである。

だが、こうしたサインは見過ごされてしまう。

研究班は、親が気づかなかったり、仮に気づいても親の体面を汚したとして怒ったり、ますます厳しい体罰を加えたりしていると分析している。

その結果、子どもは、親に叱られても罪障感や規範意識を強めることなく、ただ見つからなければよいとしか思わなくなる。学校の学年が上がっていくにしたがい、学校生活に適応できずに取り残されていき、問題行動はますますエスカレートしてしまう。

こうした中、学校の教師などが献身的に関わっていくことで、一時的に改善したケースもある。小学校の担任が少年の肩に手をおいて、落ち着いた空気の中で少年の話を聞いたり、仲間ができるようにサポートをしていくと、少年はその担任を慕うようになる。信頼関係が築かれたことで問題行動が収まることが多いのだ。

だが、中学への進学と共に、その教師との関係は途切れ、それに代わって信頼関係を築けるような大人が見つからないと、少年は再び問題行動へと走ってしまう。

この①のタイプにあてはまるような殺人事件には一つの特徴がある。逃げる被害者を追い回したり、被害者が謝っているにもかかわらず暴力をふるい続けたりするというのである。その背景にあるのは「親に怒られる恐怖感」だという。物盗りだけの犯行だったはずが、被害者に見つかったとき「親から怒られる」という激しい恐怖に襲われて殺人に走ってしまうのだ。

このタイプの少年については、事件が起きた背景に家族の存在が大きく影を落としている。

## 子どもが加害者になるサイン②

表面上は問題を感じさせることがなかった②のタイプの特徴としては、幼い頃から特に問題行動もなく目立たないおとなしい子どもだったのに、なぜか突然、重大事件を犯しているという点である。このタイプの少年はさらに2つに分類される。

1　発達的な偏りが見られるタイプ
2　精神障害が疑われるタイプ

前者については、表情や感情表現が乏しいという発達的な偏りの特徴がある。「友達から誘われれば一緒に遊ぶなど、周囲から指示されたことには従うが、実はこうした行動は表面的な適応にすぎない」と分析している。自分がよく知っている行動パターンにしたがって動いているだけで、自ら積極的に周囲と関わりあっていくことが少ないのだ。

また、家庭でも従順に振る舞うので、家族からも問題が見えにくく、結果的に「家族との情緒の交流も表面的になりがち」になる。

年齢に応じた人間関係を築いていくことができないまま成長し、不適応によって傷つき不安になっている心を自分の内に閉じ込めているため、表面的には問題がないように見えるのである。

このタイプの少年については、学校の教師が関わろうとしても難しい。

研究班は、中学時代に教師との間でほとんど会話がなかったという少年や、教師の名前は言えても個性や性格などについてはまったく言葉が出てこなかったという少年について言及し、無関心・孤立といった特徴づけをしている。

家族関係については問題がないように見える一方で、実は重大な課題を抱えている場合が多かったとしている。嫁姑の確執がありながら夫はその問題から目をそむけ、外食ばかりで家には不在がちだったなどの分析を通して、問題の表面化を恐れ、お互いに向き合って話し合うことができない家族の姿をあぶりだしている。

こうした家族のあり方は、それほど特殊なものではなく、ごくありふれたものだと思われる。犯罪はこうした小さな要因が複合的に絡み合って起きている。ここでも事件の背後には、少なからず家族の存在が影を落としているのだ。

この分類では、事件を起こす前に一つの徴候が見られたという。

それは、自分の内的世界にこもりがちになったり、凶器の収集、攻撃的・暴力的なゲームやビデオ、書物に著しくのめり込んだりするというものだ。こうした徴候が事件へと発展するには他にもっと大きな要因があるかもしれないが、研究班の分析はここで終わっている。暴力的なものと結びついた内的世界の膨張は、外からは簡単に分析できない。ただ、こうした徴候が抽出されたことには意味がある。

一方、後者の精神障害が疑われる場合については、正確な分析が難しいとしている。

重大事件を引き起こす少年に、発達障害や脳の器質的な障害があったのではないかという指摘は度々行われるものの、一方でそのような障害のある人がすべて事件を犯すわけでもない。こうした障害と事件とを短絡的に結びつけることは危険である。

## 子どもが加害者になるサイン③

思春期になって大きな挫折を体験した③のタイプについては、勉強やスポーツなどで人より秀でていたため親から甘やかされて育った子どもが、思春期になって自分では処理しきれない挫折を経験し、衝動的に殺人に至るという点が特徴だとしている。

周囲に認められているうちはよいが、それがいったん崩れてしまうと自暴自棄になり、周囲にあたりちらし、最後には殺人まで犯してしまうのだ。

親は、ちやほやして育てる一方で、子どもが本当に困って相談したいときにも、きちんとした話し相手になれなかったケースが見られる。さらに、幼児期から規律を守らず粗暴な振る舞いが目立っていても、運動などで活躍して注目されていたこともあって、親が都合の悪い点には注意を払わないことが多いという。

一方で子どもの側からすると、親から評価されている自分のイメージが壊れることを恐れ、親に対して弱音を吐いたり、本音で話すことができなくなっている傾向もある。

このようにぎくしゃくした親子の関係は、子どもの挫折をきっかけに表面化していく。

親は、自分たちが思い描いてきた理想の我が子のイメージが少しずつ崩れていくことを知り、それによっていままでの接し方から180度変わって子どもをけなし、無視することになる。

親が挫折し傷ついている子どもの心情を察して慰めることができず、親子関係に深い亀裂が生じてしまうと分析している。

このタイプの子どもは、学校の教師に対して見下した態度を取りがちだという。現実以上に肥大した自己像を抱いているため、教師に対して何をしても許されるという勝手な思い込みを持っているのだ。教師はそれを注意する。それが子どもの教師に対する反感をさらに増幅させていく。

犯行直前の徴候については、微熱・腹痛などを訴えたり、学校への登校を突然嫌がったりするほか、他人への粗暴な振る舞いが見られたりするというが、他のタイプに比べて特徴的な行動と定義するまでには至っていない。

このタイプに関しても、親の関与の仕方が、結果的に重要な要素となっている。ただ、このタイプについて研究班は、初めから殺人をしようなどという気はなく、仮に犯行時にナイフを持っていなかったら殺人にまでは至らなかったのではないかという分析をしている。

3つのタイプを見ていくと、どれか一つの要素は「少なからず我が子にも当てはまる」と不安を感じる人が多いだろう。犯罪とはそれくらい紙一重で起きるものなのだ。

こうした分析と今回の加害者家族の取材を踏まえて、少年犯罪とその親について筆者が感じたのは次のようなことだ。

親が、無関心も含めて「うちの子がまさか」という「性善説」に立ち続けるか、あるいは「ひょっとするとうちの子が」という「性悪説」の視点を少しでも持つことができるのか。どちらの視点に立つかによって、親が予防できるかどうかが左右される。

特に、何か怪しいサインが出たときに、後者の視点を持つことによって、我が子に一線を越えさせずに引き戻すことができるのではないかと思う。

## 犯罪は微罪から始まる

日本では未遂も含めて1年間に1200件の殺人事件が起きており、1日に3、4件起こっている計算になる。実際、新聞やテレビのニュースでは毎日のように殺人事件が報じられている。

普通の感覚からすれば、人殺しをした犯人を理解することは難しい。窃盗などと違い、殺人は一般人からは最も遠い世界にある。

だが加害者側から見ていくと、ある日突然、殺人事件を起こしてしまうというよりも、小さな犯罪を繰り返していく中で、人の命を奪うという最悪の事態に至ってしまうケースが多いようだ。

この点についての国内で目立った分析はなされていないので、海外から例を引くことにしたい。英国のジャーナリスト、トニー・パーカーが10人の殺人犯にインタビューをした『殺人者たちの午後』(沢木耕太郎訳・飛鳥新社)は、荒れた家庭環境などの背景について触れながら、「微罪」の積み重なりの中で殺人に至ってしまった人間の姿を描き出している。

10人の殺人者が人を殺すまでの犯歴は次の通り。

①13歳で押し込み強盗。その後再犯。18歳のときに通行人を刺して殺害。終身刑に。

②14歳のとき、祖父にこづかいをせびりに行ったが、断られ口論に。ハサミで首を刺して死なす。

③子どもの頃から自転車やオートバイの窃盗を重ねる。少年院に入っている間に生まれた1歳半の我が子を殺害し、終身刑の判決を受ける。

④女性。両親の離婚後、養護施設で暮らし始める。父親が継母と旅行に出た際、家から宝飾品を盗み出し、古物商に売りつける。30歳のとき、酒場で知り合った男性から暴行を受け、ナイフで刺す。

⑤子どものとき、食料品店に強盗に入ったり、モーターボートからエンジンを盗んで売り飛ばしたりする。成人後、行きずりの8歳の男の子、3歳の女の子を殺害。遺体には性的暴行の跡があった。

⑥16歳のとき、オートバイを盗み、無免許で乗り回し警察に捕まる。23歳のとき、同じ下宿に暮らす男性を殺害。終身刑に。

⑦一度離婚した妻と再び一緒に暮らし始めるが、口論が絶えなかった。喧嘩の最中に車から突き落として死なせる。

⑧盗みや万引きを繰り返す。当たりの馬券を偽造し、4カ月の刑務所生活をしたこともある。結婚後、長女を風呂の水に押し付けて溺死《できし》させ、次女を枕で窒息死させる。

⑨商店や倉庫での窃盗、空き巣、車上荒らしなどを繰り返す。宝石店に押し入ったとき、通報を受けて駆けつけた警官を殺害し、終身刑に。19歳のときだった。

⑩売春婦として生活していたが、29歳のとき、交際していた男性が自分の親友と浮気しているのを知り、浮気相手を殺害。

いずれも単独犯である。こうして見ると、14歳で人を殺めた②と、痴情のもつれが原因の⑦、⑩を除くと、10ケースのうち7ケースで、殺人に至るまでに窃盗などを繰り返してきたことがわかる。統計的に意味があるほどのデータが揃っているわけではないが、殺人犯には前科が多いという話は日本でもよく耳にする。

たとえ微罪であっても、回数が多くなることによって罪に対するハードルが少しずつ下がっていくのだろう。

## 子どもが加害者になるサイン④

少年事件におけるリンチ殺人では、集団心理がエスカレートし、被害者が凄惨な死に方をするケースが少なくない。何時間にも及ぶ暴行の記録には、目を覆いたくなるような非人間的な行為が連なっている。

集団がこうした殺人などの重大事件を起こす際には、単独犯による事件とは違った分析が必要だ。「重大少年事件の実証的研究」では、そのポイントを次のようにまとめている。

「集団事件の場合、最初から殺してやろうと考えていた例は少なく、多くは被害者を殴ったり蹴ったりしているうちに集団心理が働いて暴行がエスカレートし、気が付いたら被害者が死んでいたという例が大半である」

このような殺され方をされる被害者はたまったものではないが、集団の中には、たいてい主犯格の少年がいる。研究班は、「主犯格の少年は度胸があると見栄を張り、暴力を誇示することで目立ちたいという気持ちが強い」と分析している。幼い頃から体罰を受けたり、いじめの経験があったり、両親の間の暴力沙汰を目にするなど暴力が日常的に存在する家庭環境で育つ中で、次第に自分自身も暴力を振るう側になっていく。それが学校や家庭で感じる孤立を補うアイデンティティのようになり、反社会的な行動へと突き進んでいくという。

一方、従犯格の少年については、学校では表面的には大きな問題を起こさないものの、不良や暴力へのあこがれが強いとしている。自分の抱える不安や不満を集団行動の中で解消したり、主犯格の少年に追従することで自分までもが強くなったような気になる傾向が強いという。

こうした従犯格の少年は、自分が犯した罪や被害者にきちんと向き合うことができない。その場の空気に従っただけで、断ったら自分がやられるかもしれないといった理由をあげ、自らが犯した罪に向き合おうとしないのだ。

希薄な罪悪感は、主犯格の少年にも当てはまる。グループ内で責任をなすりつけ合ったり、挑発的だったなど被害者の態度を理由にあげ、犯行の言い訳にするのだ。罪悪感の希薄さは、集団による事件であることと深く結びついているのだ。

加害者家族である親の中には、「集団で行ったのだから責任も分散されるのではないか」と我が子をかばうケースもあったと研究班は指摘している。一方で当事者の少年は、最初は少しは気も晴れるだろうという軽い気持ちで集団暴行に関わるが、次第に仲間に見くびられまいと虚勢を張り、仲間に見せつけるように激しい暴力に及んでいくという。

どのようにして集団心理がエスカレートしていくのか、報告書は集団事件の特徴として興味深い事実をあげている。それは犯行グループの住む地域や学校が異なったり出入りが激しかったりしてお互いのことをよく知らないメンバーによって構成されていたことが、犯罪をエスカレートさせたというのだ。

あまりよく知らない同士の中で、自分の弱さを見せたくないという心理が働いたり、自分が優位に立とうとしたりする気持ちが強まっていく。知らない者同士の集団では、統率がききにくくなるという面もある。それが飲酒などの要因によって互いにエスカレートし、異常な空気を生み出していくのだ。もちろん、50人規模の高度に統率された集団による事件もある。ただ、その場合も、メンバーの間に自分だけは弱い下位の立場になりたくないという心理が強く働いていき、集団が駆り立てられていく傾向がある。

自分の子どもはどんな仲間と付き合っているのかを知ることが、我が子を集団による重大事件の加害者にしない、一つの鍵となる。単独犯による犯行のときと同じく、どこかに引き返せる地点があるはずである。

## 「世間」の怖さ

日本という社会において加害者家族が置かれる立場を理解する上で、「世間」という概念が一つのキーワードになってくる。「世間」は社会学者の阿部謹也が導入した概念であり、現在では、佐藤直樹が分析を深めている。1年に1回「世間学会」という学会も開催されている。

「世間」においては人権や権利はない。あるのは「贈与・互酬の関係」、つまり「お互い様」という関わりだけだ。贈られたら贈り返さなければならない。別の言い方をすれば、やったらやり返されるということになる。

西欧的な意味での「個人」は、「世間」には存在していない。西欧的な社会の概念では、一人ひとりの確立した「個人」が集まって「市民社会」を作り上げているのに対して、日本は個々人があいまいな「世間」によって成り立っているというのが、その概念の簡単な説明になる。

この「世間」の性質は、厳密さを要求される刑法の世界にも反映されていると佐藤はいう。明治時代に確立された日本の刑法の基盤にはドイツの刑法があった。佐藤は、ドイツにはなくて日本にはある「共謀共同正犯」という理論を譬えに「世間」を分析している。複数で罪を犯した場合に、実行行為をした人間だけでなく、共謀に加わっただけの人間も正犯として罰するという考え方である。

ドイツの刑法には、こうした「共謀共同正犯」の概念はない。自分の意思で犯罪を行う犯罪者という存在が前提となっているからだ。一方日本では、複雑に絡み合った人間関係の中で、「そうなってしまった」という犯罪者が一定数存在したため、こうした理論を新たに導入しなければならなくなった。つまり、犯罪においても「個人」がなく、周りの空気や世間に飲み込まれて犯罪へと突き進んでしまうのだ。

事件が発生すると、加害者家族は、個人が存在しないこの「世間」に取り囲まれる。嫌がらせの手紙や電話、落書きは、ほとんどが匿名によるものだ。集団で同じ行動をすれば、匿名の個人は目には見えない存在として、集団の中に紛れ込める。結果的に常に安全地帯から意見表明をすることができる。そして「世間」による加害者家族への攻撃はエスカレートしていく。

さらに、匿名性が極めて高いインターネットが、もともと匿名性の高い「世間」の暴走をさらに加速させている。

日本における加害者家族について考えるとき、佐藤は1995年に沖縄で起きた米兵による少女暴行事件で、来日した米兵の母親のことを思い出すという。その母親は、日本の報道陣を前に顔を隠すことなく取材に応じ、「息子は日本の警察に騙《だま》されて逮捕された」と話した。日本では加害者家族は名を伏せ、できるだけ世間から身を隠そうとするのだが、西欧では「個人」が前面に出ることによって、たとえ加害者家族であっても主張したいことは主張しているのだ。

## 日本社会に潜む力学

加害者やその家族に対して、かつての「村社会」がどのように接していたかをみると、そこから日本社会の根底で働いている力学が浮かび上がってくる。

昭和36年3月28日夜、三重・奈良両県にまたがる集落で、懇親会のため公民館に集まった村人が腹痛などを訴えながら次々と倒れ、5人の女性が亡くなるという事件が発生した。

4月2日の深夜から、村人の一人である男性Oが犯行を自供しはじめ、翌日に逮捕された。その知らせが集落をかけめぐると、村人たちは加害者の家族に対して興味深い行動に出たという。

「被害者の家族の一人が区内放送で〝加害者のうちに愛の手をさしのべよう〟と呼びかけ、遺児が加害者Oの下の子をつれて登校する姿もみられる」(毎日新聞4月27日)。

にわかには信じがたい現実である。どのような思いから、このような行動に出たのか、この記事では説明されていない。

やがて、裁判の過程に入ってOが罪状を否認すると、事態は一変する。江川紹子は、『名張毒ブドウ酒殺人事件　六人目の犠牲者』(新風舎文庫)で、その様子をこう書いている。

「(Oの)家族は近所の人から口もきいてもらえず、完全に無視された。Oの自宅には、しばしば石が投げ込まれた。一家はいたたまれず、夜逃げ同然に故郷を後にする」

さらに、共同墓地の中にあったOの家の墓が掘り起こされ、離れた場所に移されてしまう。村人は、Oの家族が村から出て行ったから、墓も共同墓地から外に出すことにしたと、その理由を説明したという。「村八分でも、火事と葬式だけは例外という」が、Oの家に対しては「村十分」の扱いが行われたのである。

その後、Oは裁判で無実を訴え続けていくことになるが、「無実を訴えれば訴えるほど、人々の火は激しく燃えさかり、Oに理解を示す者はすべて敵とみなされるまでになった」。

この変貌ぶりは、かつての日本の「村社会」について理解する上で極めて興味深い。互いに顔を知っており、皆が平和で仲よく暮らしている小さな村社会の表と裏の姿が浮かび上がってくる。

Oが逮捕されたとき、村人たちは顔を見知った隣人同士の「疑心暗鬼」から解放され、集落の秩序を取り戻そうとした。それでOの家族に対して「寛大に接しよう」という声も出てきたのだ。しかし、Oが罪状を否認しはじめた途端、村人にとってOは「集落の和をかき乱そうとする共通の敵」になった。せっかく取り戻されつつあった集落の秩序が崩壊し、疑心暗鬼の世界に戻ることを嫌がったのではないかと江川は分析している。

「彼等（＝筆者注、村人たち）には、一個人の人権や真実を追求することよりも、集落全体の平和の方が大切なのだ。一人ひとりの涙や怒りも、集落の和を守るために水面下に抑えられてきた」

Oは1972年に最高裁で死刑が確定した。しかし、江川はOは無実なのではないかという立場で、この事件を分析している。２００５年４月、弁護団による第７次の再審請求が受け入れられ、再審開始が決定した。事件から実に44年が経っていた。

だが、かつての「村社会」に潜んでいたこの「和」を重んじるという強固な力学は、現代の日本社会にも変わらず存在している。

## 被害者も攻撃される

加害者家族を追い詰めていく日本社会は、一方で犯罪に巻き込まれた被害者や、その家族も攻撃してきた。

犯罪被害者は、社会から好奇の目で見られることが多い。犯罪に巻き込まれた経験のない人たちからすると、あの家族が被害者となったのは何か理由があったからだという推測が生まれてくる。それが、「被害者の側にも落ち度があったからだ」という論理にすりかわり、非難や偏見をもって接するようになるのだ。

報道が果たす役割も大きい。被害者のプライバシーを暴きたて、社会に偏見を植え込んでいく。例えば、桶川ストーカー事件（桶川駅前で女子大生が元交際相手とその兄が雇った男により殺害された）や千葉大生殺害放火事件（21歳の女子大生が殺害後に放火された）では、被害者となった若い女性の私生活が面白おかしく記事にされ、それがのちに事件とはまったく関係なかったことが明らかになっている。

少年事件における民事訴訟も新たなバッシングを生むことがある。

息子や娘の命が少年事件によって奪われた親たちは、その真実を知りたいと民事訴訟を起こすことが多い。少年犯罪の場合はプライバシー保護のため、裁判の過程で事件の真相が十分に明らかにされていないと感じる遺族が多いためだ。民事訴訟では損害賠償の請求が伴うことになり、被害者側の訴えが認められれば、結果的に加害者側から被害者側へその支払いが求められる。

その額が数千万円を超える大きな額であったりすると、その報道をきっかけに金額だけが一人歩きをして、「子どもの命を金で売るのか」といった非難が被害者のもとに集中する。被害者側は誹謗中傷の電話や手紙を受け取ったり、近所の人から冷たい目で見られたりするのだ。

実際のところ被害者の遺族は、事件をきっかけに仕事を辞めたり変えたりしなければならない状況に追い込まれてしまい、加害者からの月ごとの分割支払いで受け取る賠償金によって、かろうじて生計を維持できているという場合が少なくない。また、受け取る金をすべて被害者団体などに寄付をして、自分の懐には入れないという遺族もいる。そうした被害者遺族の個別の事情をいっさい無視して、被害者遺族に対する社会の憎悪がむき出しになるケースも多い。

被害者に対する損害賠償については、アメリカで新たな考え方が広まり、日本にも紹介されている。それは、従来の被害に遭った分を補うという補償的損害賠償ではなく、加害者への制裁や再発防止を目的とする懲罰的損害賠償だ。

懲罰的損害賠償は、企業による製造者責任（PL）など主に経済犯罪を対象としたもので、被告が故意または悪意にもとづいて原告に損害を与えたり、注意義務違反があったりした場合に認定される。その結果、被告は補償的損害賠償だけだった場合の数倍の金額を支払わなければならないという判決が下されることがある。

アメリカは訴訟社会だと日本人は批判する。一方で、日本ではこうした懲罰的損害賠償の判決が、「子どもの命を売った」という誹謗中傷につながる。社会の秩序を乱そうとする者に対して、被害者であっても構わず攻撃する傾向が日本社会にはある。

## 犯罪不安社会

現代の日本社会に暮らす人たちが、犯罪そのものに対してどのような感覚を持っているのか、非常に興味深い一つのデータがある。

各種の世論調査などを行う社団法人・中央調査社が平成14年4月に発表した『少年非行の実態解明に関する調査』で、少年犯罪について、被害に遭いながら警察に被害届けを提出していない「未届出率」や警察が把握していない「暗数」を調査し、少年犯罪の実態を解明しようと行われたものである。

調査は全国268地点で実施され、16歳以上の男女5000人を抽出して、葉書による郵送で回答が集められた。有効回答数は2672通、53・4%だった。

その中で犯罪に関する市民の意識について、10年前と比べて少年による犯罪が増えたと感じているかどうか、回答者が暮らす地域と日本社会全体について質問している。

○あなたの街では犯罪が

非常に増えた……13・5% 増えた……47・2%

減った……1・8% 非常に減った……0・2% 変わらない……32・1%

○世の中全体では犯罪が

非常に増えた……62・5% 増えた……29・9%

減った……0・3% 非常に減った……0% 変わらない……3・3%

9割以上の人が、世の中では犯罪が増えていると感じる一方、自分が暮らす街での増加は6割にとどまっている。

今後、少年犯罪が増えるかどうかについても質問しているが、以下のようにこれも同じような傾向が見られる。

○あなたの街では今後、少年犯罪が
非常に増える……18・7％　増える……55・2％
減る……1・5％　非常に減る……0・3％　変わらない……19・8％

○世の中全体では今後、少年犯罪が
非常に増える……47・2％　増える……42・7％
減る……0・8％　非常に減る……0・1％　変わらない……5・6％

人々は、日本社会が急速に治安悪化に突き進む一方、自分たちが住む地域社会はまだそれほどではないと考えている。実際には、少年犯罪は客観的なデータとして見れば、それほど急増しているわけではない。犯罪への不安は、「世の中全体」という、自分からは離れた、いわば想像上の空間でじわじわと広がっているのだ。体感治安の悪化など、こうした人々の意識構造は、龍谷大学の浜井浩一教授など多くの研究者の論文で指摘されている。

人々の犯罪に対する意識は、自分たちの身近なところからというよりも、マスコミの報道などを通じて形成されているのである。

## 加害者家族を取材した記者の悩み

加害者家族の家を訪ね、話を聞きだそうとする記者たちは、加害者側を糾弾するという単純な動機だけでは解消しきれない複雑な思いをかかえている。

2009年12月20日、読売新聞の「記者ノート」に、「加害者家族の苦しみ」というタイトルで若手記者の心情をつづったコラムが掲載された。

その年の5月下旬、入社間もない石井恭平記者は富山支局に配属される。そして、1月に起きた殺人事件の加害者である男の実家へ取材に向かった。容疑者の男が逮捕されたという知らせを受けた取材であり、新人記者・石井はデスクからの指示で動いたはずだ。

その日は真夏日を記録する地域も出るなど、とても暑かった。

男の実家を訪ねると、何も知らない祖母が一人で留守番をしていた。石井記者は「お孫さんが今日、殺人容疑で逮捕されました」と祖母に伝えた。祖母はその事実に驚き、ショックを受ける。声がかすれ、わなわなと震えだしたという。

石井記者はそのときの心情をコラムにこう記している。

危うい報道規制論

「〃自分はなんてひどいことをしているんだ〃祖母の姿が、東京にいる自分の祖母と重なり、涙が溢れてきた。自分の祖母が同じ状況に置かれたらどんなに辛いか。それと同じ苦しみを、この人に与えてしまった。加害者の家族だからと言って、そこまでしていいのか、と思った」

石井記者は「おばあちゃんを困らせて、ひどいことをしているのは重々承知しています。でも、これも仕事なんです。堪忍してください」と訴えた。

やがて加害者の父親が帰宅し、この記者は、10年前に加害者である息子とは縁を切ったことや、昔はやさしい子だったという証言を引き出すことに成功する。

5月下旬の最初の取材から半年後、容疑者の男は裁判で懲役17年の判決を受ける。記者は再び実家を訪ねたが、取材を拒否され、加害者家族の気持ちを引き出すことができなかった。

コラムの最後を石井記者はこう結んでいる。

「一つの犯罪が被害者側と同様に、加害者の家族も苦しめるということを今後も伝えていきたいと思う。彼女の涙に対して、一体どうすればよかったのか、いまでも答えは見つからない。ただ、あのときの光景を忘れずに、これからも記者を続けたい」

こうした記者の気持ちが紙面に掲載されるのは非常に珍しいことである。

加害者家族が報道によって大きな影響を受けるパターンには、大きく2通りある。

一つは報道が誤った内容であったり、事件の本質とは関係のないところで著しくプライバシーを損ねる内容である場合がある。

そして、もう一つは、取材のやり方に関わるものだ。集団的過熱取材、あるいはメディア・スクラムと呼ばれ、事件や事故の当事者のところへメディアが殺到し、家や職場を取り囲むなどしてプライバシーを極端に侵害したり、社会生活を妨げたりして、精神的にも物理的にも追い詰めていくケースだ。その対象には被害者とその家族、加害者とその家族、そして、地域の住民などのあらゆる関係者が含まれる。

主な新聞社やNHK、民放各局などが集まって作る日本新聞協会では、2001年12月に「集団的過熱取材に関する日本新聞協会編集委員会の見解」をまとめている。報道の自由を守り、国民の知る権利に応えることを第一としながら、集団的過熱取材の問題にメディア側が自主的に取り組んでいくとしている。

それによれば、すべての取材者は最低限、以下のような点を順守しなければならない。

1　嫌がる当事者や関係者を集団で強引に包囲した状態での取材は行うべきではない。相手が小学生や幼児の場合は、取材方法に特段の配慮を要する。

2 通夜葬儀、遺体搬送などを取材する場合、遺族や関係者の心情を踏みにじらないよう十分配慮するとともに、服装や態度などにも留意する。
3 住宅街や学校、病院など、静穏が求められる場所における取材では、取材者の駐車方法も含め、近隣の交通や静穏を阻害しないよう留意する。

その上で、もし集団的過熱取材の状況が生まれ、当事者が影響を受けた場合、メディア側は解決策を共同で協議・調整しなければならないとしている。第三者、つまり国家権力からの規制を受ける前に、自助努力によって問題を解決していこうというものである。

メディアによって苦しめられている人たちを救う法律は必要である。しかし、当事者を救済するための法律が、ともすれば国家権力による報道・表現の自由に対する侵害になりかねないという危惧がある。

日本国憲法第21条は次のように謳《うた》っている。

「集会、結社及び言論、出版その他一切の表現の自由は、これを保障する。検閲は、これをしてはならない。通信の秘密は、これを侵してはならない」

朝日新聞で長年カメラマンとして活躍した松本逸也によれば、「見た目の商業主義」が特ダネ競争をあおり、集団的過熱取材の要因の一つになっているという。例えば容疑者が連行される際の「引き回し」写真では、「容疑者の顔が写っているか、写っているとしたらどんな表情か、こうした些細な（？）点にニュース写真の勝ち負けの判定を加えてきた」としている（『一極集中報道――過熱するマスコミを検証する』〈現代人文社〉）。

松本は、報道機関が真に求めるべきは「特ダネ」ではなく、「独自ダネ」だと言う。横並びの取材から頭一つ飛び出るのではなく、その横並びとは別の次元で、新しいテーマを見つけ掘り下げるべきだというのだ。

もちろん、そこには視聴率や売れ行きといった、内外の厳しい目が待ち構えている。メディアは迎合主義に走りがちなのである。メディアが何を伝えるのか、一方で社会が何を求めているのか。メディアは常にその点を意識しなければならない。

## 冤罪でも家族は苦しむ

1991年12月1日、足利市内の借家で寝ていた菅家利和は、突然警察に連行され、その後の取り調べで3件の少女誘拐殺人事件の容疑者にされた。のちに冤罪であったことが確定したのは17年半後のことだった。

菅家は獄中から家族のことを思い続けていたことを、釈放後にまとめた『冤罪』（朝日新聞出版）の中で明かしている。

自白を強要されて逮捕されてから2週間後、取り調べでふらふらになっている最中に刑事から父親の訃報を聞かされる。享年81だった。そのとき刑事は「お前も悲しいかもしれないが、殺された人はもっと悲しいぞ」と菅家に告げたという。

厳しい取り調べが続いており、菅家は自分のことに手一杯で、残してきた家族のことを心配する余裕がなかった。

その頃、菅家の母は検事調書でこう述べている。

「利和を恨んでも恨みきれません。利和の顔も見たくありません。いますぐにでも死刑にしてもらって箱に入って帰って欲しいと思っているのです」

菅家はこうした母の思いをのちに知ることになる。

逮捕から1カ月後、菅家は足利警察署の留置場から宇都宮拘置所へと移った。取り調べがなくなり、3畳ほどの独房で自分と向き合う時間が多くなった。そのとき初めて、「家族が大変な状況に置かれているかもしれない」と思い至るようになったという。

母や妹に宛てて毎日のように手紙を書くようになった。逮捕されたのは何かの間違いだと繰り返し書いたが、返事はまったく来なかった。家族が面会に訪れることもなかった。

逮捕から16年以上が経った2007年の冬、獄中の菅家は母親の死を知る。無罪を訴える支援者が知らせてくれたのだが、死後半年も経っていた。菅家は母親が自分のことをどのように思っているのか、獄中で考え続けていた。母親だけは自分の無実を信じてくれているのか、それとも犯人だと疑っているのか、あれこれと想像し続けていた。しかし、その答えを母親から聞くことはできなくなってしまった。

妹の肉声を聞いたのは、17年半の獄中生活から解放された後だった。妹は弁護士への手紙で、「これまで母親とともに何度も死を考え、身内であることを隠してきたが、これからは菅家と一緒に静かに生活したい」と書いてきたという。

2009年7月下旬、仮釈放された菅家は、東京・浅草で妹との再会を果たす。喫茶店でコーヒーを飲みながら、菅家が「長い間、苦労をかけたね」と声をかけると、妹はこう答えたという。

「もう気にしなくていいよ」

第五章　加害者家族にとって必要なこと

## イギリスの取り組み

加害者の家族にどう向き合っていけばよいのかを考える上で、イギリスに日本の関係者たちが高い関心を寄せているNGO組織がある。「受刑者とその家族のパートナー」という意味の英語から頭文字をとったPOPS（Partners of Prisoners and Families Support Group）と呼ばれる組織だ。

POPSがまとめた報告書によれば、家族の中から逮捕者が出た後、その後の刑事手続きに応じて、次のような活動が行われている。

- 逮捕者が出た段階で、警察が加害者家族に対してPOPSの情報を知らせる
- 裁判所への付き添い
- 裁判におけるさまざまなアドバイス

・電話や面接による相談の受付
・刑務所への付き添い
・出所後や保護観察中における家族への助言

POPSは、あらゆる局面にわたって加害者家族に向き合おうとしていることがわかる。「逮捕」「服役中」「出所」という3つの場面すべてにおいて、加害者家族が抱える問題を一緒になって処理していくという使命を掲げているのだ。

身内から逮捕者が出ることによって家族は混乱し、崩壊の危機に直面する。その家族を支援することによって、逮捕者が出所するときの受け皿とすることができ、ひいては再犯のリスクを減らすことになる。POPSは、英国内で発表されたいくつかの論文を根拠にして、加害者家族をサポートしていくことが再犯防止につながり、最終的には社会全体の利益となるとしている。

POPSはCEOであるファリダ・アンダーソンが1988年に設立した団体で、2008年の年間予算は約130万英ポンド（約1億7000万円）だった。拠点はイングランド北西部の大都市マンチェスターだが、そのネットワークは全英に広がっている。100人のスタッフと30人のボランティアで成り立ち、年間25万以上の加害者家族と関わりを持っている。

CEOのアンダーソン自身も、かつて夫が麻薬をめぐる問題で逮捕され、息子と共に厳しい生活を強いられた経験がある。それがきっかけで加害者家族が互いにその悩みを打ち明け、前向きに生きるための場を作ろうと考えたのがPOPSの始まりだ。

1988年にPOPSが誕生するまでは、英国にも加害者家族と向き合おうとする有力な団体はほとんど存在していなかった。加害者の家族は、社会から偏見の目で見られ、経済的、心理的に追い詰められていたという。

しかし、設立から二十数年たった現在、CEOのファリダ・アンダーソンは英国王室からPOPSの活動を認められて勲章を受けている。また、逮捕者が出た時点で警察が加害者家族にPOPSという組織の存在を教えるなど、POPSは英国内で一定の地位を得ている。

## 加害者の子どもと向き合う

POPSが重点的に取り組んでいることの一つに、加害者の子どもに対するサポート態勢作りがある。「受刑者の子ども」という報告書の中で、その現状や課題についてまとめている。それによると、イギリスでは1年間に15万人以上の子どもが、親の逮捕という現実に直面している。

低年齢の子どもは、「お母さんは仕事が忙しくなってしばらくは帰ってこられない」「お父さんは急遽病院に入院した」などと周囲から言われ、事実を知ることを先送りさせられる。何も知らぬまま社会からは「犯罪者の子ども」という烙印を押されてしまうのだ。そして、後に事実を知ったときの衝撃は大きく、精神的に不安定な状態になる。

一方で、年齢が上の子どもでも、親が警察に連れていかれた理由をきちんと理解できないまま、警察を恨むこともある。

報告書では、身内が刑務所に入った家族は、その後22％が離婚し、45％が絶縁状態になったとしている。

こうした不安定な環境におかれた子どもは、親と同じように罪を犯しやすいとPOPSは考えている。追い詰められた子どもは、飲酒や薬物、スリなどの犯罪によって、自らの怒りや恥の感情をごまかそうとするのだ。

子どもが犯罪に走るリスクを減らすためには、子どもをサポートする仕組みを作らなければならない。POPSは、次のような取り組みを行っている。

〈プレイ・エリア〉

POPSは刑務所の中で、面会に来た加害者家族が過ごせるヴィジターセンターと呼ばれる場所を運営している。これは一般社会と刑務所とをつなぐクッション的な空間で、加害者家族同士がここで語り合ったりしている。この場所にプレイ・エリアという子ども用のスペースを作り、専門のスタッフを配置することで、子どもたちが緊張せずに刑務所に面会に来られるようにしている。

〈電話相談〉

親が刑務所に入った理由を子どもにきちんと理解させるために、いつ、どのように真実を伝えるべきかといった実践的な相談にのっている。間違った伝え方をすると、子どもの精神状態が不安定になり、非行などに走りやすい。事件のことをどう知らせるかは、その内容や子どもの年齢などによって異なるが、それを長年の蓄積をもとにして助言している。2008年には1万3500件の相談を受けたという。

この他にも、加害者家族のもとにスタッフが出向いて、さまざまな相談に乗るという態勢も組まれており、POPS以外の複数のNGOと連携を取り合って、家族への直接のアプローチも行われている。

POPSは現在、加害者の子どもに関する統計的なデータを収集・分析中であり、今後は重点的に態勢の拡充・連携を進めていくとしている。

## 加害者の子どもが集まるオーストラリア

ＰＯＰＳが世界的にみても先駆的な取り組みとして注目しているのが、受刑者の子どもたちを支援するオーストラリアの組織ＣＯＰＳＧ（Children of Prisoner's Support Group）が取り組んでいる「シャイン・フォー・キッズ」（子どもたちに光を）だ。

なお、このＣＯＰＳＧは、オーストラリア最大の都市シドニーに拠点を置き、地元の矯正局、地域サービス局などから資金面での援助を受けて、加害者家族に対して次のような活動を行っている。

〈グループ・ワーク〉

専門のスタッフが学校の放課後に子どもと共に過ごしている。勉強の手伝いをしたり、工作やゲーム、あるいは単なる話し相手として関わり、「日常的に誰かに支えられている」と子どもたちが実感できる環境を作り上げている。

〈デイ・トリップ〉

月に1回行われる、日帰りでのグループ旅行。親が刑務所に入っている子どもたちを集め、一緒に旅行することで、単なる遊びの場を提供するだけでなく、同じ境遇の子ども同士が悩みを語り合ったりする機会を作っている。

〈面会支援〉

服役中の親に面会するための移動手段の提供などを行っている。親がいなくなって、経済的な理由から面会に行かなくなるのを防ぐ目的があるのだろう。

〈ペン・パル〉

服役中の親、あるいは同じような境遇にある別の子どもとの文通をサポートする。

こうしたプログラムのほとんどは無料で受けることができる。他にも刑務所内での親と子の交流促進日の設定や、ビデオを使った面会の推進などが行われている。

シャイン・フォー・キッズの設立は1982年。犯罪が起きると、いつもその陰では加害者の子どもが社会から孤立して、追い詰められているという研究報告がなされたことから始まった。オーストラリアでもこの時点までは、加害者家族に対する取り組みが存在していなかったということを意味する。

こうした取り組みを見て注目すべきは、オーストラリアには加害者の子どもたちを専門に支援する組織があり、子どもたち同士の交流を行うなど、横へのつながりを意識して、下支えしている点だ。

日本にいる加害者の子どもたちは社会から身を潜め、目立たないようにして暮らしていることが多いが、オーストラリアでは加害者の子どもであることによって、新たな人間関係を結べる場が提供されているのだ。

## アメリカの加害者家族①驚愕の事実

FBI連邦捜査局によると、日本に比べて格段に犯罪発生率が高いアメリカでは1年間の犯罪認知件数は1156万件に上っている。そのうち殺人・強姦・強盗・暴行などの凶悪・暴力犯罪は139万件であり、日本の7万件に比べると、人口比を考慮しても圧倒的な多さである。

犯罪が多発しているアメリカで、加害者家族に対して社会はどのように向き合っているのか。次に挙げるのは、にわかには信じがたい事例である。

1998年にアーカンソー州の高校で銃乱射事件が起きた際、高校のキャンパス内で発生したという事件の重大性に鑑《かんが》み、マスコミは加害少年の実名や写真を報道した。

このとき、加害少年の母親に対してアメリカ社会がどのように反応したのか、ジャーナリストの下村健一が驚くべきリポートをしている。

実名が報道されたことで、母親のもとにはアメリカ全土から手紙や電話が殺到した。手紙は段ボール2箱に及ぶ数だった。

だが、その中身は、本書でこれまで見てきたような日本社会の反応とはまったく異なっていた。加害少年の家族を激励するものばかりだったのだ。

TBSの「ニュース23」で放映されたリポートでは、少年の母親が実名で取材に応じ、顔を隠すことなく登場した。下村が、受け取った手紙の内容は何かと訊くと、母親は「全部励ましです」と答えたのだ。

下村は自身のブログでその手紙の内容をいくつか紹介している。

「いまあなたの息子さんは一番大切なときなのだから、頻繁に面会に行ってあげてね」「その子のケアに気を取られすぎて、つらい思いをしている兄弟への目配りが手薄にならないように」「日曜の教会に集まって、村中であなたたち家族の為に祈っています」等々。

下村は、アメリカでの取材生活の中で「最大の衝撃」を受けたという。

このリポートが放映された当時は、日本では和歌山毒物カレー事件が発生した直後であり、加害者とその家族が暮らしていた自宅への大量の落書きが取り沙汰されていた頃だった。

作家の森達也はこの下村リポートを見て「激しく動揺した」といい、後に下村から詳しく話を聞いている（「僕らから遊離したメディアは存在しない」、ＪＣＡ－ＮＥＴ）。

そのとき、下村はこう語ったという。「民度といえばいいのか、犯罪や個人に対しての意識の持ち方が（日本とアメリカでは）まったく違います。日本でもし、神戸の少年の情報を公開したら、とんでもない事態になっていたでしょうね」。

個人情報が正式に公開されなくても、どこからともなく流出してしまうのが日本の実態だ。そして、それが加害者家族への激しい非難に結びついていることは見てきたとおりだ。

森は下村の言葉を受け止めて、こう書いている。

「問われるべきは僕ら一人ひとりなのです」

## アメリカの加害者家族②受刑者に「家族」を教える

アメリカでは、刑務所で服役中の受刑者に対して、「家族」の存在を学ばせるプログラムが行われている。日本更生保護協会による論文「更生保護施設におけるＳＳＴマニュアル」によれば、１９９０年代中頃から各地の刑務所で、行動スキルを学ばせるプログラムが取り入れられている。

この行動スキルは、家庭や職場など生活のさまざまな場面でどのように振る舞えばよいのか、受刑者にモデルを提示し、再犯を犯さずに生活していける力を身につけさせようというものだ。

ジョージア州アトランタにある施設では、家庭内暴力で事件を起こした受刑者に対して11コースが準備され、それぞれ6週間が費やされていることを前述の論文は明らかにしている。

その内容は、高校卒業程度の学力を身につけさせる「基礎教育クラス」、自分がとりがちな行動について客観的に分析を行う「エンパワーメント・クラス」、履歴書の書き方や面接の受け方を学ぶ「就労スキル・クラス」など多岐にわたっている。

その中に「子育てクラス」と呼ばれるプログラムがある。

親が受刑者となった場合に、面会に訪れた子どもに、どのように接していけばよいのかを学ばせるというコースだ。親の再犯防止につなげると共に、イギリスやオーストラリアの市民団体のように、加害者家族である子どものサポートにもなるためだと思われる。

プログラムは、大学院で専門知識を学んだ修士号を持つソーシャルワーカーによって行われている。1回の講義は2時間。子どもの発達が年齢に応じてどのように進んでいくかを学びながら、それぞれの時期に応じて親が果たすべき役割、しつけの仕方、コミュニケーションのとり方などを学習していく。

学習を始めてから4週目と6週目には、職員が同席する中で、実際に子どもとの面接を行う。その日のために特別に職員の食堂が開放されて、親子は一緒におやつを食べたり、コンピュータを使ったり、おもちゃやゲームで遊んだりできるようになっている。いかにもアメリカらしい取り組みだ。

この11コースの最終段階は、「移行サービス」と呼ばれている。刑務所のケースマネージャーが受刑者一人ひとりと面接を行い、それぞれがどのような問題を抱えているか話し合い、出所に向けた準備を行うのだ。出所後の住まいや仕事をどうするかといった問題だけでなく、家族とどのような関係を築いていくかについても話し合われる。

このプログラムがどれほどの成果をあげたかは明らかにされていない。だが、アメリカの刑務所では、ケースマネージャーが受刑者に個別に関わっていくことは当たり前になりつつある。日本ではソーシャルワーカーが同じような知識を持っているが、いますぐにソーシャルワーカーが刑務所に入り込むことは難しいだろう。この論文では、せめてアトランタのような学習プログラムを導入することが再犯防止につながるのではないかとしている。

## 日本の加害者家族①立ち上がったNPO

日本で加害者家族に関わる市民団体ワールドオープンハートが設立されたのは2008年。代表の阿部恭子が声をかけ、弁護士、精神保健福祉士、大学の研究者らが設立メンバーに加わった。拠点は仙台におかれている。

設立当初、地元の有力紙がワールドオープンハートの活動開始を報じたことから、その記事を目にした加害者家族が少しずつ連絡をしてくるようになった。

実際にそのうちの一人であるAから話を聞くと、新聞記事を読んだ友人から団体の存在を教えられたという。だが、しばらくは連絡をためらっていた。新聞に掲載されたとはいえ、素性も明らかではないし、何かの宗教団体ではないかとも思った。さらに、プライバシーが守られるのかという不安も大きかった。Aは1週間ほどの逡巡《しゅんじゅん》を繰り返した上で、ようやく連絡をとることに決めた。

電話は24時間態勢で受け付けている。代表の阿部が携帯電話を持ち歩き、いつでも相談に乗れるようにしているのだ。筆者は、携帯電話が鳴り加害者家族からの相談を受け、長時間電話口で話し続ける阿部の姿を、取材中に何度も目撃している。かなり頻繁に相談の電話が入っていた。

ワールドオープンハートは、月に1回ほど加害者家族を集めて「わかちあいの会」を主催し、対話の場を設けている。ホームページやチラシを作成して案内をしているが、どこで行っているか場所は公表していない。第三者に集会の場所がわかってしまえば、新たな非難を呼び起こしかねないということで、電話で連絡をとってきた人に対してだけ教えるようにしているという。

「わかちあいの会」は、加害者家族たちが日頃感じているさまざまな思いを互いに話し合う場となっている。普段、誰にも話すことができない苦悩を口にしているうちに、涙を流し始める人もいる。ここに参加しているのは、身内の犯罪から「責任逃れ」するような加害者家族ではなく、どうやって向き合ったらよいか、真剣に悩んでいる人たちだという印象を受けた。

実際、そのような加害者家族でなければ、こうした会合に参加し、他人と話をしようとは思わないだろう。

話しやすい空気を作り出すために、発言者を非難しない、誰かが発言をしているときはそれをさえぎらない、などのルールを決めている。互いに素性や身内の犯罪について細かく詮索し合わず、日常の悩みを口にして、わかちあうことを目指しているのだ。

出席している加害者家族たちは、落ち込み悩み続けている中で「この会合に来てすべて吐き出すと、一時的ではあるけれど心が安定する」と語る。話すことですぐに何かが解決するわけではないが、悩みを共有し合い、居場所ができればよいと阿部は考えている。

「わかちあいの会」とは別に、個別の面接相談も行っている。今後は裁判への付き添いをしたり、必要に応じて学校や職場などとの話し合いに同席したりする活動も始めようとしている。

活動はまだ始まったばかりであるため、加害者家族がどのような現実に直面しているのか、きちんと把握することが重要だと阿部は考えている。

「加害者の家族の人権とか権利とか、そういう主張をするつもりはありません。私の目の前にいる加害者家族が困っていることに向き合っていきたいだけです」

## 日本の加害者家族②原点は被害者支援

加害者家族の支援を行う市民団体ワールドオープンハートを設立した阿部は、もともとは大学院で犯罪被害者について研究を行っていた。

社会から好奇の目で見られ、マスコミには私生活を暴かれる犯罪被害者の支援をどのように行っていけばよいかを研究する中で、罪を犯した側の加害者家族も似たような境遇に追い込まれ、自殺までしたというケースの存在を知ったという。

気になって調べてみると、加害者家族に関わろうという支援組織は日本に存在しなかった。しかも海外に目を向けると、欧米では当たり前のようにそうした組織が存在している。なぜ日本にはないのか、疑問に思ったのが始まりだった。

「被害者への支援をないがしろにするつもりはありません。被害者支援をきちんと行うというのが大前提で、それとは別に加害者家族についても考えていかなければならないと思っています」

加害者家族に関わる組織だというと、すぐに被害者のことをどう思っているのかという非難がくる。阿部はあくまでも被害者支援があっての加害者家族への支援だということを理解して欲しいと訴えている。

活動を続ける阿部の胸中には、大事にしている一つの記憶があった。

子どもの頃のことだった。阿部は学校の放課後、外国人の子どもたちと一緒に過ごすというボランティア活動に参加していた。在日の朝鮮人、中国人、そしてブラジル人などの子どもたちがいて分け隔てなく遊んでいたが、あるとき日本人の子どもが一人の外国人の子どもを指差し、こう言った。

「あいつの父親は人殺しなんだぜ」

阿部は怖いと思った。そして、ボランティアのリーダーである男性にその気持ちを正直に話した。

「どうして怖いと思うんだ?」

と聞かれたとき、こう答えてしまったという。

「だって、あの子もお父さんと同じように人を殺すかもしれないでしょう」

子どもの考えは、ときとして大人以上にストレートで残酷だ。だが、阿部の言葉を聞いたリーダーは顔色一つ変えなかった。その後のやりとりを阿部はいまでも忘れることがないという。

「どうしてそう思うんだ。君は大きくなったとき、君のお父さんやお母さんとまったく同じ仕事、同じ生活をすると思うかい？」

「……いえ、そんなことはないと思います」

「だったら、あの子も将来、お父さんと同じ人殺しになるとはいえないよね」

阿部は魔法が解けたような気持ちになったという。それ以来、その殺人犯の子どもとは普通に接することができるようになった。

言葉一つで人間の考え方を変えられると知った阿部は、その経験をいまに活かしている。

## 日本の加害者家族③支援の難しさ

ワールドオープンハートのメンバーの一人であり、仙台青葉学院短大で精神看護学の教鞭をとる高橋聡美は、加害者家族に関わることの難しさを痛感している。

高橋はもともと精神科・心療内科で看護師をしていたが、その後は北欧に渡り、スウェーデンで自殺予防の取り組みなどメンタルヘルス・ケアシステムについて調査を行った。日本に帰国した後は、スウェーデンでの経験をもとにして、自殺遺児の支援活動を始めた。

自殺予防に取り組む中で高橋は、交通事故や犯罪の加害者家族が自殺に追い込まれているケースを知ることになる。それをきっかけに自殺予防の一環として、ワールドオープンハートで加害者家族への支援に乗り出すようになったのだ。

一般的に、自殺の原因には多重債務などお金や病気、非難やいじめなど、社会から孤立しがちなマイノリティの問題が関係しているという。加害者家族はそのうちのマイノリティ問題に含まれると考えている。

実際、ワールドオープンハートへの相談の中には、事件を起こしてしまった子どもと一緒に、自分も死んでしまいたいと告白する加害者家族が少なくない。

だが高橋は、時折自分の子どもが犯罪に巻き込まれ、被害者になってしまう状況を想像し、複雑な心境になることがある。

「目の前に加害者家族がいれば、その人の問題に一緒に向き合おうと思う。でも仮に、自分の子どもが被害者になったら、加害者もその家族も憎くて憎くて、それを支援することなど、とても考えられないと思う」

絶望のどん底にいる被害者は、加害者の家族が安定した生活を送ろうとしていることが許せないのは当たり前の感情だろう。しかも人命に関わる事件であれば、被害者の家族は、一生癒えることのない傷を負うことになるのだ。

その葛藤を抱えながら活動を続けていることについて、高橋はこう語る。

「でもいまの自分は被害者でも加害者でもない。第三者だからこそ社会の中でやれること、やるべきことがあるのだと思う」

活動を始めた当初は、被害者対加害者という構図で見られるのではないかと気にしていたという。加害者家族を支援することで、被害者がないがしろにされるという批判が殺到するのではないかと恐れていた。高橋は、被害者支援自体も重要ではあるが、加害者家族への支援は、それとは別の次元のものだと言う。

それでも、被害者家族の支援と加害者家族の支援には共通点があるのではないか。高橋はこう言葉を続けた。

「どちらも、一つの事件からこれ以上、犠牲者を出したくないという点では同じだと思う。目の前に困っている人がいれば、手を差し伸べなければならない」

## 更生論と福祉論

日本社会は加害者家族とどう向き合っていけばよいのか。容易に答えの出ないこの問いを、取材を通じて知り合った関係者にぶつけていった。

返ってきたのは、いずれもわかりやすいものではなかった。加害者やその家族の立場を考慮して答える人、一方で被害者が抱く思いを重視する人など、それぞれの置かれた立場によって、言葉を選びながらの返答だった。

得られた答えは、大きく3つに分かれた。

①家族にも加害者に準じた責任があり、社会的制裁などは当然である。被害者の感情も考えれば、個別のケースによって違いはあれども、基本的にはフォローする必要はない。
②加害者家族を支えることは、加害者が出所した際の受け皿を作ることになり、再犯防止につながる。それは結果的に社会の利益になるのだから、サポートする一定の仕組みが必要だ。
③目の前に困窮している人がいれば手を差し伸べるというのが、あるべき福祉の姿だ。セーフティネットの崩壊が叫ばれるいま、考え直すときが来ているのではないか。

加害者家族を顧みる必要がないという①の立場に立つ人が多いかもしれない。一方で、②と③は完全には分けきれないが、②は再犯防止＝更生の立場からの意見であり、③の社会福祉の立場からの意見とは立脚点が違っている。どちらの視点に立つかによって、目指すところの社会の姿は異なってくるだろう。

個人的には、②の更生論の立場から発言する人は加害者家族に間接的に接している人たちで、どちらかと言うと理論が先行した考えになっていると思う。

一方で、③の福祉論の立場の人たちは、実際に加害者家族をまのあたりにしている人たちで、理論よりもまずは実践しかないと考えているのだろう。

どちらがよくてどちらが悪いという話ではない。おかれた立場によって、それぞれのアプローチの仕方があってしかるべきだろう。

①の立場の人が②や③の立場の人を非難したり、またはその逆をするのは容易なことだ。だが、社会は多様な意見を尊重しあう民主主義によって成り立っている。さまざまな意見がぶつかりあってこそ、健全な社会が運営されていくはずだ。

加害者家族とどう向き合っていくかについては、ごく普通の生活をしている人にとっては、縁遠い問いかけかもしれない。しかし、犯罪をゼロにするのは簡単なことではない。

むしろ私たちは、犯罪に巻き込まれて被害者になったり、加害者でなくとも加害者の家族になったりする可能性があることを心得ておくべきだろう。

## 犯罪と絆

加害者家族を追い込む社会の姿を理解する一つの手がかりに、「社会統制論」あるいは「社会的統制論」と呼ばれる社会学の理論がある。

この基本的な考え方は、「そもそも人間は条件さえ許せば悪事に走り、犯罪をするものであり、逆になぜ多くの人が犯罪をせずにとどまっているかを研究・理解していくことが肝要ではないか」というものだ。

中でも名が知られているのはトラヴィス・ハーシ教授による「社会的絆理論」である。ハーシ教授は、1960年代に発表した「非行の原因」において、なぜ子どもたちが非行に走るのか、子どもと家庭や社会とのつながりから分析を試みた。その結果、人は社会との絆があることによって、犯罪を思いとどまっていると考えた。その絆が弱まった場合に、犯罪が起きるのだ。

ハーシが社会的な絆としてあげたものは4つある。

①愛着……家族や職場など周囲との絆
②コミットメント……社会に対する関わりの深さ
③規範意識……社会のルールに対する納得・理解
④関与……規則を守る行動に費やす時間

こうした絆が意識され、体得されていれば、犯罪は起きにくくなる。つまり、万引きをすれば家族に迷惑をかけたり仕事を失ってしまうと考えることができたら、容易に犯罪に走ることはなくなる。一方で、自分には迷惑をかけるような家族は誰もいないというような自暴自棄の状況になると、犯罪をしやすくなるというのだ。

もちろんこれは社会学の理論であって、実証的にすべてに当てはまるものではないが、犯罪と絆について理解する上で大きな手がかりとなる。

他方で、そうした犯罪抑止にもつながる絆は、逆にひとたび犯罪が起きてしまうと、「なぜ犯罪を起こす要因を作ったのか」と加害者家族を非難することにつながる。

「絆」はまさに両刃の剣として存在している。

## 被害者支援からみた加害者家族

被害者支援の一つの大きな転換点となった犯罪被害者等基本法が施行されたのは、2004年12月8日。かつては好奇の目にさらされていた犯罪被害者たちが、長年にわたって求め続けてきた運動によって、ようやく勝ち得た成果だった。

犯罪被害者等基本法の前文には、こう書かれている。

「……犯罪被害者等の多くは、これまでその権利が尊重されてきたとは言い難いばかりか、十分な支援を受けられず、社会において孤立することを余儀なくされてきた。さらに、犯罪等による直接的な被害にとどまらず、その後も副次的な被害に苦しめられることも少なくなかった」

犯罪被害者やその家族が人権を守って欲しいと声を上げ、その運動が広がり始めた端緒にあたる1990年代は、全く様相が異なっていた。当事者である被害者はもちろん、その支援をする人たちですら、自分たちが犯罪被害者に関わっているという事実を隠し、テレビや新聞の取材に対しても匿名を条件に協力していたという。

自らに落ち度もなく、ある日突然に犯罪に巻き込まれたという犯罪被害者ですら、地域や社会、マスコミから好奇と偏見をもって見られることに恐れ慄《おのの》き、目立たないように振る舞い続けてきたのである。

シンポジウム「犯罪被害者は訴える」が初めて開催されたのは、2000年1月23日だった。全国から犯罪被害者たちが集まって、自らのおかれた窮状を訴えた。ようやく、犯罪被害者の思いが社会に浸透し始めた瞬間だった。

犯罪被害者等基本法はこう訴える。

「……犯罪等を抑止し、安全で安心して暮らせる社会の実現を図る責務を有する我々もまた、犯罪被害者等の声に耳を傾けなければならない。国民の誰もが犯罪被害者等となる可能性が高まっている今こそ、犯罪被害者等の視点に立った施策を講じ、その権利利益の保護が図られる社会の実現に向けた新たな一歩を踏み出さなければならない」

犯罪被害者ですら、権利を獲得するまでに長い時間がかかっていたのである。加害者の側にいる家族については、何かしらの支援体制が成立するには、さらに何倍もの時間がかかるのは必然といえる。

加害者家族への取材を続けていった最後に、犯罪学の権威ともされる研究者に話を聞く機会を得た。犯罪被害者がおかれた窮状をよく知り、一方で加害者やその家族がおかれる立場にも知見のあるこの研究者は次のように語った。

「犯罪被害者を支援する人たちがいて、加害者の家族を支援する人たちもいる。その両方があることが成熟した健全な社会の姿だと思う。加害者家族を支援するのはけしからんと言った途端にすべてが終わってしまう。かつて犯罪被害者を支援する人たちは名前を伏せ、顔を隠して活動を続けてきた。それが10年以上もかかって少しずつ状況が変わったのと同じように、たとえ時間がかかるとしても、加害者家族に関わる人たちが普通に活動していけるような環境を作ることが大切ではないか」

# あとがき

作家・東野圭吾のベストセラー『手紙』（文藝春秋）は、兄が強盗殺人を犯してしまった弟の苦悩の日々を描いた作品である。

兄の起こした事件によって弟は仕事を辞めざるをえなくなり、恋人とは別れることになり、社会から孤立していく。弟は何とか次の職場を見つけるが、そこでも差別や冷たい仕打ちを受けて自暴自棄になりかける。そのとき会社の社長が弟の前に現れ、こう語りかける。

「君のお兄さんは、残された君がどんなに苦しむかを考えなかった。君がいま受けている苦難もひっくるめて、君のお兄さんが犯した罪の刑なんだ。君がお兄さんのことを憎むかどうかは自由だよ。ただ我々のことを憎むのは筋違いだ」

加害者家族がたどることになる悲劇は、そもそもすべて加害者自身が引き起こした犯罪が原因となっている。家族を巻きぞえにし、苦しめることに思い至らなかった加害者に非があるのだ。

逆に言えば、事件後、自分の家族に降りかかるであろうさまざまな苦しみを想像することができれば、その人は罪を犯さずに踏みとどまるかもしれない。本書がそのような観点から少しでも役に立てばと思い、筆を執った。

加害者家族のことを取り上げると、「被害者をないがしろにするのか」というお叱りを受けることが多い。

実際に、被害者やその遺族の人たちは支援がまだまだ十分ではないと感じており、そんな状況の中で加害者家族について議論するのは早すぎるという批判は当然かもしれない。

加害者の家族の「人権」を声高に主張するつもりは毛頭ない。

ただ、彼らがどのような状況に置かれているのかを知ることには、何がしかの意味があると考えている。

＊＊＊

この本は、２０１０年４月初めに放送したＮＨＫ『クローズアップ現代』「犯罪〝加害者〟家族たちの告白」の取材をもとに、番組では紹介しきれなかった情報などを大幅に加筆して、まとめたものである。

番組の取材・制作にあたっては、国谷裕子キャスター、岩堀政則統括（当時）、そして特に荻野太朗チーフ・プロデューサーにお世話になった。この難しいテーマに取り組むことに賛同してもらわなければ、放送に至ることは不可能だったと思う。さらに、ロケの現場で共に悩み、静謐《せいひつ》でありながら鋭いメッセージを込めた映像を構築してくれた米津誠司カメラマン、音声の石井和友さん、編集の阿部きくのさんに、さまざまな形で助言・指導していただいた。制作スタッフの方々には感謝の言葉しかない。

また、『新聞消滅大国アメリカ』に続き、本書の内容について多角的にアドバイスをいただいた幻冬舎の四本恭子さんにもお世話になった。

なお、第二章以降では、加害者家族が出版した手記や先輩のジャーナリストたちが取材したルポルタージュを参考にし、多くを引用させてもらった。直接取材することができなかった事件については、こうした文献がなければ言及も考察もできなかった。

今回の取材を通して、報道機関に身をおく一人として、マスコミの果たす役割・影響力の大きさに襟を正さなければならないと改めて痛感した。執筆作業は容易ではなかったが、自分の仕事について見つめ直すよい機会を与えていただいたと関係者の皆さんに深く感謝している。

## 著者略歴


**鈴木伸元**
すずきのぶもと

1996年東京大学教養学部卒業。
同年NHK入局。
報道番組ディレクター。
「NHKスペシャル」「クローズアップ現代」などを担当。
ギャラクシー賞の奨励賞を2度受賞。
著書に『沸騰都市』(共著)、『新聞消滅大国アメリカ』(いずれも幻冬舎)がある。

幻冬舎新書 193

# 加害者家族

二〇一〇年十一月三十日 第一刷発行
二〇一五年 九 月 十 日 第九刷発行

著者 鈴木伸元
発行人 見城 徹
編集人 志儀保博

発行所 株式会社 幻冬舎
〒一五一-〇〇五一 東京都渋谷区千駄ヶ谷四-九-七
電話 〇三-五四一一-六二一一(編集)
〇三-五四一一-六二二二(営業)
振替 〇〇一二〇-八-七六七六四三

ブックデザイン 鈴木成一デザイン室
印刷・製本所 株式会社 光邦


Printed in Japan ISBN978-4-344-98194-2 C0295
す-4-2
幻冬舎ホームページアドレス http://www.gentosha.co.jp/
*この本に関するご意見・ご感想をメールでお寄せいただく場合は、comment@gentosha.co.jp まで。

# 幻冬舎新書

鈴木伸元
## 新聞消滅大国アメリカ

アメリカで新聞が続々と消滅しているが、新聞がなくなると街は、国家は、世界はどうなるのか？　新聞が消えた街でネットから得られる地元情報はごくわずか。他人事ではない、日本人必読の書。

渋井哲也
## 実録・闇サイト事件簿

ネットで出会った男たちが見も知らぬ女性を殺害するという、犯罪小説のような事件を生んだ「闇サイト」とは何か。閉塞した現代社会の合わせ鏡、インターネットの「裏」に深く切り込む実録ルポ。

川崎昌平
## ネットカフェ難民
ドキュメント「最底辺生活」

金も職も技能もない25歳のニートが、ある日突然、実家の六畳間からネットカフェの一畳ちょいの空間に居を移した。やがて目に見えないところで次々に荒廃が始まる——これこそが、現代の貧困だ！　実録・社会の危機。

日垣隆
## 秘密とウソと報道

鑑定医が秘密をバラす相手を間違えた奈良少年調書漏洩事件、「空想虚言癖」の典型的パターンに引っかかった「週刊新潮」大誤報等。秘密とウソというユニークな視点から、「メディアの危機」に斬り込む挑発の書。

# 幻冬舎新書

## 裁判官の爆笑お言葉集
長嶺超輝

「死刑はやむを得ないが、私としては、君には出来るだけ長く生きてもらいたい」。裁判官は無味乾燥な判決文を読み上げるだけ、と思っていたら大間違い。個性あふれる肉声を集めた本邦初の裁判官語録。

## 裁判官の人情お言葉集
長嶺超輝

裁判官も人の子。重い刑を言いわたす前には大いに迷うし、法と世間の常識のギャップに悩むこともある。頑なな被告人の心を揺さぶった言葉を厳選。ベストセラー『爆笑お言葉集』に続く涙のお言葉集!

## 狂った裁判官
井上薫

裁判官が己の出世欲と保身を優先することで、被告人の九九%が有罪となる一方、殺人を犯しても数年の懲役しか科せられないことさえある……矛盾がうずまく司法のカラクリを元判事が告発する衝撃の一冊。

## はじめての裁判傍聴
井上薫

初心者は「覚せい剤取締法違反」を狙うべし。開廷前の人間ドラマを観察すべし……など、元裁判官だから知っている法廷のほんとうの見所、傍聴人の心得を克明に記す。法廷入門・決定版。

## 幻冬舎新書

伊藤真
### なりたくない人のための裁判員入門

一生のうちで裁判員に選ばれる確率は約六五人に一人。裁判の歴史から、刑事裁判の基本原則、裁判員の役割まで、Xデーを迎える前に知っておくべきことを、法教育のカリスマが熱く分かりやすく解説。

荘司雅彦
### 13歳からの法学部入門

君が自由で安全な毎日を送れるのは法律があるからだ。では法律さえあれば正義は実現するのか？　君の自由と他人の自由が衝突したら、法律はどう調整するのか？　法律の歴史と仕組みをやさしく講義。

藤井聡
### なぜ正直者は得をするのか
「損」と「得」のジレンマ

利己主義者が損をして不幸になり、正直者が得をして幸せになることを科学的に実証！　どんな性格の人が結果的に得をし、幸せになれるのか。生きる上で重要なヒントを与えてくれる画期的な論考。

森功
### 血税空港
本日も遠く高く不便な空の便

頭打ちの国内線中心の羽田空港。米航空会社に占められ新規参入枠がない成田空港。全国津々浦々99の空港のほとんどが火の車で、毎年5000億円の税金が垂れ流し。そんな航空行政を緊急告発。

# 幻冬舎新書

宮台真司
## 日本の難点

すべての境界線があやふやで恣意的（デタラメ）な時代。「評価の物差し」をどう作るのか。人文知における最先端の枠組を総動員してそれに答える「宮台真司版・日本の論点」、満を持しての書き下ろし!!

長吉秀夫
## 大麻入門

戦後、GHQ主導による新憲法で初めて規制された大麻は、遥か太古から、衣食住はもちろん医療や建築、神事など、日本人の生活になくてはならないものだった。なぜ、大麻は禁止されたのか？

門倉貴史
## 貧困ビジネス

出口の見えない不況下、増え続ける貧困層を食い物にするのが、一番手っ取り早く儲けられるビジネスだ——よくて合法スレスレ、ときに確信犯的に非合法を狙い、経済の土台を蝕む阿漕なビジネスの実態。

柴田英寿
## 金になる人脈
その近づき方・つくり方・転がし方

誰も知らない情報、新しい価値観を提供する人が現代の人脈であり、地位や肩書きのないあなたにも富をもたらす源泉となる。「知人の束」を「人脈」に変え、情報と金を呼ぶ仕組みづくりを伝授。

# 幻冬舎新書

上杉隆
## ジャーナリズム崩壊

日本の新聞・テレビの記者たちが世界中で笑われている。その象徴が「記者クラブ」だ。メモを互いに見せ合い同じ記事を書く「メモ合わせ」等、呆れた実態を明らかにする、亡国のメディア論。

東国原英夫
## 知事の世界

瀕死の自治体であった宮崎県が、東国原知事の誕生で息を吹き返した。観光客、県産品の売上は増加し、県職員の士気も上がっている。知事のもつ影響力とは何か? 知事の全貌がわかる!

若林亜紀
## 公務員の異常な世界
給料・手当・官舎・休暇

地方公務員の厚遇は異常だ。地方独自の特殊手当と福利厚生で地元住民との給与格差は開くばかり。みどりのおばさんに年収800万円支払う自治体もある。彼らの人件費で国が破綻する前に公務員を弾劾せよ!

鈴木謙介+電通消費者研究センター
## わたしたち消費
カーニヴァル化する社会の巨大ビジネス

ラブandベリー、『赤い糸』、初音ミク……これらは一般的知名度は低いが、一部の間で大流行しているゲームやケータイ小説などである。「内輪の盛り上がり」が生む大量消費を、気鋭の社会学者が分析。